David Depenau

Von Bloomäuler, Lellebollem und Neckarschleimer

Die Ortsnecknamen in Heidelberg, Mannheim und dem Rhein-Neckar-Kreis

verlag regionalkultur

Geboren 1970 in Karlsruhe. Wächst in Karlsbad-Langensteinbach auf und besucht dort das Gymnasium. Schon in früher Jugend reges Interesse an Literatur, historischer Lektüre und Erzählungen der Großeltern. 1989–1992 Ausbildung zum Restaurantfachmann im Hotel-Restaurant Erbprinz in Ettlingen. Nach verschiedenen Berufsstationen im In- und Ausland Besuch der Hotelfachschule Heidelberg in den Jahren 1998–2000. Seit 1999 als stellvertretender Hoteldirektor im Hotel-Restaurant Erbprinz in Ettlingen tätig. Lebt mit Freundin Tatjana, Tochter Neele und Sohn Jasper in Karlsruhe. Im Frühjahr 2001 erste Publikation „Von Dohlenatze und Schwarzbückel" über die Orts- und Uznamen Karlsruhes und aller an Karlsruhe angrenzenden Gemeinden im Eigenverlag. Im Spätjahr 2001 Veröffentlichung des Buches „Von Dohlenaze, Holzlumpe und Milchsäule. Die Necknamen in Stadt und Landkreis Karlsruhe" im verlag regionalkultur. Die Chronik des Hotels Erbprinz befindet sich in Vorbereitung.

David Depenau ist Mitglied der Stadtgeschichtlichen Kommission der Stadt Ettlingen.

Die Deutsche Bibliothek - CIP-Einheitsaufnahme

Depenau, David:
Die Ortsnecknamen in Heidelberg, Mannheim und dem Rhein-Neckar-Kreis : von Bloomäuler, Lellebollem und Neckarschleimer / David Depenau. - Heidelberg ; Ubstadt-Weiher ; Basel : Verl. Regionalkultur, 2002
    ISBN 3-89735-205-2

Texte:	David Depenau (teilw. Hrsg.)
Illustrationen:	Pfarrer i.R. Martin Nieden, Karlsruhe
Gesamtherstellung:	**verlag regionalkultur**, Ubstadt-Weiher
Redaktion:	Klaus Hertweck, verlag regionalkultur
historisches Titelbild:	R. Besserer, Aufnahme vor dem alten Sinsheimer Ochsen
Endlektorat:	Eberhard Guderjahn

Diese Publikation ist auf alterungsbeständigem und säurefreiem Papier (TCF nach ISO 9706) gedruckt entsprechend den Frankfurter Forderungen.

verlag regionalkultur
Stettfelder Straße 11 • 76698 Ubstadt-Weiher • Telefon (07251) 69723 • Fax 69450
eMail: kontakt@verlag-regionalkultur.de • Internet: www.verlag-regionalkultur.de

Für Nana, Neele und Jasper

„Möge diese Sammlung der Volkskunde, insbesondere in Baden, neue Freunde erwerben! Dass manches Derbe mit unterläuft, wird man in den Kauf nehmen müssen. Wissenschaftliche Forschung darf hier nichts unterdrücken und verschweigen. Das möge vor allem denen gesagt sein, die im Besitz von Material sind und sich scheuen, dies wegen seiner Anstößigkeit dem Forscher zu übermitteln. Das Volk nimmt kein Blatt vor den Mund. Es kann wo[h]l derb sein, wird aber selten lüstern. Den Freunden des Humors sprudelt hier eine reiche Quelle. Zum Schluss aber möchte ich allen denen, die von den Neckereien betroffen werden, zurufen: 'Übelnehmen gilt nicht'."

Prof. Dr. Bernhard Kahle
Heidelberg, im Dezember 1907

aus: Blätter des Badischen Vereins für Volkskunde (VII)

Einleitung

An Weihnachten 1999 stieß ich in einem Bildband auf einige alte Übernamen der Karlsruher Stadtteile. Dies begann meine Neugier auf die Entstehung und Bedeutung dieser Necknamen zu wecken. Trotz intensiver Suche fand ich keine Literatur zu diesem Thema, was mich dazu bewogen hat, die mir bekannten Namen aufzuschreiben und die Liste mit der Zeit auch um die Entstehungsgeschichten zu vervollständigen.

Im Frühjahr 2001 veröffentlichte ich erstmals die Liste der Übernamen der Karlsruher Stadtteile und aller an Karlsruhe angrenzenden Gemeinden mit den zugehörigen Entstehungsgeschichten unter dem Titel „Von Dohlenatze und Schwarzbückel" im Eigenverlag.

In der Folge brachte das große Interesse an dieser Thematik ein zweites Buch mit dem Titel „Von Dohlenaze, Holzlumpe und Milchsäule" auf den Weg, das im Spätjahr 2001 im verlag regionalkultur erschienen ist. Es umfasst alle Ortsnecknamen des ganzen Landkreises Karlsruhes, die zum überwiegenden Teil heute noch bekannt sind.

Um die vorvergangene Jahrhundertwende begann man erstmals, die badischen Ortsnecknamen schriftlich aufzuzeichnen. Viele sind mittlerweile in Vergessenheit geraten und erscheinen uns heute als fremd. Deshalb kam und kommt es öfter vor, dass aus Unkenntnis eines historischen Necknamens dessen Gültigkeit überhaupt bestritten wird.

Aus vorgenannten Gründen bin ich für weiterführende oder ergänzende Hinweise zur Entstehung der Übernamen jederzeit dankbar und möchte dazu sogar ausdrücklich einladen.

Aufgrund des großen Interesses an den Necknamen des Landkreises Karlsruhe stelle ich mit diesem Buch erstmals eine zusammenfassende Aufstellung aller mir bekannt gewordenen Uznamen des Rhein-Neckar-Kreises sowie der Städte Heidelberg und Mannheim vor.

Grundlage dieses Buches sind wie schon in den vorhergehenden Publikationen viele Gespräche mit Bewohnern der betreffenden Orte, hier also des Rhein-Neckar-Kreises sowie der Städte Heidelberg und Mannheim, um eine möglichst lebendige Aufstellung der heute noch bekannten Uznamen zu erhalten.

Da ich bei der Erstellung dieses Buches mangels vorhandener Aufzeichnungen größtenteils auf mündliche Berichte angewiesen war, kann es zu Abweichungen von dem Leser bereits bekannten Überlieferungen kommen. Sogar alteingesessene Bürger mancher Orte schildern oftmals völlig verschiedene Entwicklungsgeschichten, so dass ich jede mir bekannte Variante aufgenommen und in die jeweilige Geschichte eingebracht habe.

Anders als die mir bekannten Publikationen über Uznamen habe ich nicht die verschiedenen Ausführungen der Professoren B. Kahle, F. Pfaff, F. Kluge, E. H. Meyer und O. Heilig aus dem Jahren 1893–1908 zur Grundlage dieses Buches gemacht, sondern lediglich zur Ergänzung der jeweiligen Beiträge verwendet.

Necknamen waren gerade in unserer Gegend besonders weit verbreitet, heute geraten sie leider, wie auch in den anderen Gebieten, mehr und mehr in Vergessenheit.

Während in Franken ungefähr 230 Orte, für die Pfalz circa 330 Orte, in Schwaben 300 und für Bayern ungefähr 200 Orte bekannt sind, in denen Uznamen bekannt waren, war im restlichen

Deutschland die Tradition, sich mit phantasievollen Ortsnecknamen zu necken, relativ unbekannt, sieht man einmal vom „Spreeathen" Berlin, vom „Elbflorenz" Dresden und vom Hamburger „Hummel-Hummel" ab, die fast jedem bekannt sein dürften.

Nachdem alleine in der Stadt und im Landkreis Karlsruhe 125 Orte, im Rhein-Neckar-Kreis mit Mannheim und Heidelberg fast 200 Orte, in Achern und im Renchkreis 50 Orte mit Necknamen bekannt sind und die Fläche dieses Gebiets grob geschätzt nicht einmal ein Zehntel des Gebietes des ehemaligen Großherzogtums Badens ausmacht, ist davon auszugehen, dass Baden einstmals die Hochburg dieser Neckereien gewesen sein muss.

Um so mehr verwundert es, dass zwar zusammenfassende Werke über Württemberg, das Elsass, Rheinhessen und die Pfalz vorliegen, die Uznamen in Baden jedoch, abgesehen von einer fast hundert Jahre alten Abhandlung, bis heute in der Literatur fast völlig unbeachtet geblieben sind.

Wann Menschen begannen, sich gegenseitig mit Uznamen zu benennen, ist nicht bekannt: Sicher ist aber, wenn man die Natur des Menschen betrachtet, dass es Neckereien schon so lange wie den Menschen gibt.

Erste Aufzeichnungen existieren aus dem 15. Jahrhundert, so werden im Jahr 1416 die Kölner als „Pfefferlecker" bezeichnet, 1566 nennt man die Straßburger „Maisernbacher", 1604 die Eberbacher im Odenwald „Kuckucksfresser".

Es ist davon auszugehen, dass der Brauch besonders stark im 15. und 16. Jahrhundert in Mode gekommen ist. Spätestens gegen Ende des 19. Jahrhunderts aber gerieten die Uznamen durch die Industrialisierung, die zunehmende Öffnung der Dorfgemeinschaften und den daraus resultierenden Identitätsverlust der Gruppen mehr und mehr in Vergessenheit.

Über die Gründe, die zur Entstehung der Uznamen geführt haben, ist viel spekuliert worden, es gibt verschiedene Theorien.

Hugo Moser, der ein Standardwerk über die schwäbischen Uznamen verfasst hat, geht davon aus, dass einige wenige ursprüngliche Uznamen gewandert sind und sich so verbreitet haben. Er vermutet dies, weil sich viele Uznamen in den schwäbischen Landkreisen ähneln und teilweise direkten Bezug zueinander haben.

Die These des sich mit den Uznamen im Acher- und Renchtal befassenden Max Dugrillon, dass alle Uznamen im 16. Jahrhundert in einer großen Hungersnot entstanden sind und alle den Hunger als Entstehungsgrundlage gemein haben, ist meines Erachtens zu einseitig formuliert.

Leider kann man heute hierzu nichts Genaues mehr erfahren, denn erst gegen Ende dieser Phase, um die vorvergangene Jahrhundertwende, begann man, im Zuge des aufkommenden Interesses für volkskundliche Erscheinungen die badischen Ortsnecknamen schriftlich festzuhalten.

Die Triebfedern der Uzereien sind weit gestreut, sie gehen von der humorvollen Neckerei und dem harmlosen Spiel mit den Ortsnamen hin zur beißenden Satire und zu Schimpf. Dabei können die Uznamen ihrem Gehalt wie ihrer Form nach auch recht derb werden, was sie mit anderen Äußerungen des Volksmunds gemeinsam haben.

Der Wahrheitsgehalt der Uznamen ist nur in den seltensten Fällen zu ergründen, etwa, wenn ein Ereignis von Chronisten dokumentiert worden ist, so zum Beispiel das der Eberbacher „Kuckuckfresser" oder des Waldwimmersbacher Raubs an einem russischen Offizier. Oder aber der Vorfall, der zum Uznamen führte, ereignete sich erst in jüngerer Zeit, wie beispielsweise das akustische Missverständnis der Handschuhsheimer „Löwen".

Es geht bei allen Neckereien auch immer um die Frage der Geltung des Einzelnen oder der Gemeinschaft. Und mit dem Geltungstrieb aufs engste verknüpft ist die Schadenfreude als weniger lauterer Grund, aus dem die Necknamen entstanden sind. Gemeinschaftssinn und Humor aber benötigten unsere Vorfahren in den harten Zeiten der vergangenen Jahrhunderte besonders, um ihren von Not und Entbehrung geprägten Alltag zu bewältigen.

So sind mit den Uznamen Zeugen dieser Zeit erhalten geblieben, die uns heute bei der Lektüre neben der Erinnerung an diese Zeit auch, so hoffe ich, so manches Mal ein Schmunzeln und in unserer, heute auf andere Art und Weise harten Zeit ein wenig Ablenkung bringen können.

Diese Sammlung der Uznamen im Rhein-Neckar-Kreis und in den Städten Heidelberg und Mannheim erhebt keinen Anspruch, eine Fachpublikation zu sein. Als erste umfassende Darstellung der Thematik mit alphabetischer Ortsfolge möge sie aber als Beitrag zur volkskundlichen Forschung verstanden werden. Wenn das Buch darüber hinaus zur Beschäftigung mit dem Kurpfälzer Dialekt und den mancherlei Geschehnissen anregt, die den Spötteleien zugrunde liegen, und außerdem den Schalk belebt und nährt, dann hat es seinen Zweck erfüllt.

Sollten einzelne Ortsteile nicht aufgeführt sein, so sind für diese dem Autor keine Uznamen bekannt geworden. Ergänzungen werden gerne jederzeit entgegengenommen.

Herrn Pfarrer i. R. Martin Nieden meinen erneuten herzlichsten Dank für seine liebevollen Zeichnungen, die auch dieses Büchlein zieren und die Geschichten der Necknamen erst richtig lebendig werden lassen.

Zu guter Letzt möchte ich ganz besonders meiner Freundin Tatjana dafür danken, dass sie es mir immer wieder ermöglicht hat, im letzten Jahr zusätzlich zu meiner beruflichen Abwesenheit die Nachforschungen zum vorliegenden Buch durchführen zu können. Ohne ihre große Geduld wäre das vorliegende Büchlein nicht so, wie es letztlich geworden ist!

David Depenau

Inhalt

Grußwort

Neck- oder Uznamen erzählen ein Stück Heimatgeschichte. Allerdings keine über Herrscher und andere mächtige Menschen, sondern über das alltägliche Leben der kleinen Leute. Deren Vorlieben und Eigenarten finden sich in Necknamen genauso wieder wie einmalige bemerkenswerte Ereignisse in ihren Wohnorten. Manche überspitzte Charakterisierungen überdauerten Jahrhunderte und kursieren heute noch. Trotz ihres Alters wirken sie weiterhin identitätsstiftend.

Auch Heidelberg und die Region kennen Necknamen in großer Zahl. Die Heidelberger sind beispielsweise als „Neckarschleimer" bekannt, weil der Fluss seinen Schlamm nach jedem Hochwasser in der Stadt zurückließ. „Sume" nennt man Heidelberger Kinder auch heute noch, wahrscheinlich nach den durchsichtigen Jungfischen, die der Nachwuchs früher gerne aus den Fluten holte. „Bloomäuler" wurden die Mannheimer genannt, weil sie bei ihren Nachbarn als Großmäuler und Aufschneider galten. Dass die Necknamen nicht unbedingt als Beschimpfung empfunden wurden (und werden), lässt sich gerade bei den Mannheimern belegen. Die nennen sich selbst nicht ohne Stolz heute noch „Bloomäuler".

Damit Necknamen aus Mannheim, Heidelberg und dem Rhein-Neckar-Kreis nicht in Vergessenheit geraten, gibt es jetzt das Buch „Von Bloomäuler, Lellebollem und Neckarschleimer". Wer es liest, wird eine Fülle von interessanten und auch lustigen Einblicken in die Geschichte der Menschen aus unserer Region erhalten und kann auf kurzweilige Art ein wenig mehr von seiner Heimat erfahren.

Beate Weber
Oberbürgermeisterin der
Stadt Heidelberg

Heidelberg

---◦◦◆◦◦---

Heidelberg „Neckarschleimer" / „Sume"

Die Heidelberger sind noch heute weithin als „Neckarschleimer" bekannt. Da der Neckar regelmäßig über seine Ufer trat, waren die Straßen und Böschungen der Stadt häufig verschlammt. Schlamm wird in der örtlichen Mundart aber auch „Schleim" genannt, wodurch die im Dreck spielenden Kinder und später dann alle Einwohner der Stadt zu „Neckarschleimern" wurden.

Die Heidelberger Kinder nannte man in frühen Zeiten „Sume". Das Wort „Sume" bedeutet Samen. So bezeichnet man die kleine, samengroße und noch durchsichtige Brut der Jungfische im Neckar. Diese wurden vor Zeiten von den Kindern, die am Neckarufer spielten, gerne mit Taschentüchern gefangen. Auch deshalb sind die Heidelberger Buben, die sich einstmals, oft im Rudel wie die Jungfische im Schwarm, im und am Neckar tummelten, die „Sume". Eine zusätzliche Erklärungsvariante zum Necknamen „Neckarschleimer" liefern eben diese „Sume". Entstiegen sie doch oft mit dem grünen Algenschlamm des Neckars behaftet den trüben Fluten und waren so „Neckarschleimer".

Da der Neckar zu jener Zeit nach Aussage von Alt-Heidelbergern nicht so viel Wasser führte wie heute, konnte man an manchen Stellen auf die andere Flussseite waten. Bedingt durch die niedrige Wassertiefe kam es vermehrt zu Algenbildung und -ablagerung, die wiederum ebenso zur Bildung und Festigung des Uznamens beigetragen haben sollen.

Auch als „Stöcklesberger" waren die Heidelberger in längst vergangenen Zeiten bekannt. Eigentlich bezog sich diese Benennung nur auf die Straßburger und bezeichnete die innerhalb der Stöcke, d. h. Grenzpfähle, Wohnenden. In neuerer Zeit wird dieser Name auch mit den Spazierstöcken der wohlhabenden Straßburger Bürger zu erklären versucht, die diese gern bei Spaziergängen mit sich führten. Der heute vollständig untergegangene Uzname wurde mit Vorliebe von den Mannheimern gebraucht, um die Heidelberger als beschränkt und in der Kultur zurückgeblieben zu bezeichnen.

Die Bewohner des Heidelberger Baulandes sind als die „Genschmauscher" bekannt, so nannte man vor Zeiten in Übersee oft ebenfalls alle Badener hier in der alten Heimat. Ob diese Bezeichnung mit dem mittelhochdeutschen Wort mûsen = betrügen zusammenhängt oder lediglich einer Nebeneinanderstellung von „Gänse" und „Mausch" (Maus) ihr Dasein verdankt, erscheint fraglich und ist bis heute ungeklärt. Die Gegend um den Boxberg nannte man einst auch das „Gänsrübeland" oder „Gänsriemeland", weiter entfernt liegende Orte hießen von Heidelberg aus pauschal „Badisch Sibirien", man meinte damit die Gegend bis Mosbach und Tauberbischofsheim.

Die Heidelberger schließlich bewiesen viel Humor und nahmen sogar ihren eigenen Dialekt auf die Schippe, indem sie ihn mit den Worten uzten:

> „Die Geeß is iwwer die Bleech g'sprunge
> Und hot's Bee gebroche,
> Zweemol am dicke Deel."

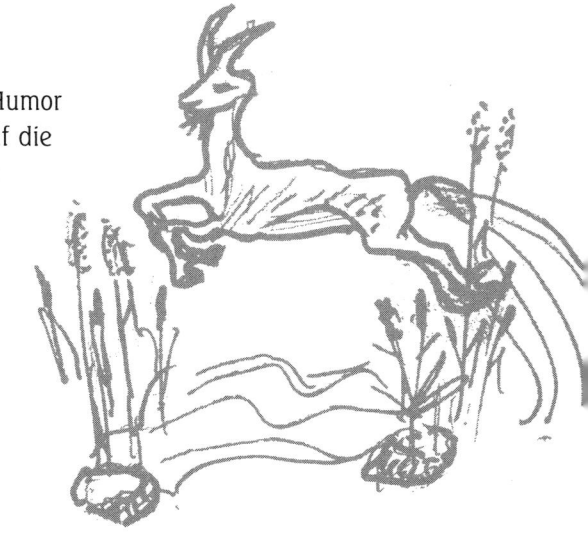

Heidelberg – Altstadt „Neckarschleimer" / „Sume"

Die Heidelberger Altstadt wird mit den bereits vorstehend beschriebenen Uznamen „Neckarschleimer" und „Sume" geneckt.

Heidelberg – Handschuhsheim „Leb" / „Kuckuck"

Die Handschuhsheimer sind bei ihren Nachbarn als „Hendsemer Leb" bekannt. Das Dampfsignal aus dem Nebelhorn des ersten Kettenschleppers auf dem Neckar im Frühling des Jahres 1878 deutete man im Ort als das Gebrüll eines Löwen. Man vermutete, die Bestie sei aus einer zur gleichen Zeit in Heidelberg gastierenden Menagerie ausgebrochen und geflüchtet. Mutige junge Männer organisierten mit Heugabeln und Sensen umgehend eine Löwenjagd, die zwar erfolglos war, den Handschuhsheimern aber immerhin einen Uznamen eingebracht hat. Der Schlepper aber, der den Uznamen mit seinem „Gebrüll" hat entstehen lassen, hieß noch lange Zeit an diesen Vorfall erinnernd „de Hendsemer Leb" und noch heute trägt die Rugbymannschaft des örtlichen Sportvereins den Namen als „Ehrenprädikat".

Als „Kuckuck" waren die Handschuhsheimer vor dem „Löwen-Zwischenfall" weithin bekannt. Sie hießen einst so, weil sie angeblich einmal für ihre Kirchweih alle Kuckucke geschossen haben sollen, um sie zum Fest zu braten. Deshalb sollen diese dort zur Kirchweih nicht mehr in den Wäldern schreien.

Der Abschuss der Kuckucke dürfte aber eher in den Bereich der Sage zu verweisen sein. Es ist vielmehr so, dass zur Zeit der Kirchweih im Juni der Kuckuck von Natur aus weniger ruft und dass wahrscheinlich durch die ungewohnte Ruhe im Wald das Gerücht aufkam, alle Kuckucke seien zur Kirchweih geschossen worden.

Folgendes Spottlied auf die Hendesemer Kerwe und über den Kuckuck, der vom Löwen gänzlich verdrängt wurde, ist uns überliefert. Der originale, für das Lied leicht abgeänderte Text stammt von Carl Christ aus Heidelberg, der es am 20. Februar 1897 in der „Südwestdeutschen Touristen-Zeitung N° 2" in Mannheim erstmals veröffentlichte:

1) Der Guguk der muss sterwe,
   Gebrate muss er sei;
   Zu Hendese is Kerwe,
   Do lôse mr de Wei.

2) Do kleppere se mit Stange
   Zum Dal' naus, Jung und Alt,
   De Guguk ei'zufange
   Beim Hollermann im Wald.

3) Wu der sich doud hat g'schosse
   Hockt selle uf'm Bam
   Un kreischt un mächt sei Bosse
   „Er Dappes, Dappt nor haam.

4) Fresst lîwer Schweineknechel
   Mit Sauerkraut un Worscht,
   Un brat eich annere Vechel,
   Wenn Kerwe isch, zum Dorschd.

5) Dort kennt er rum eich holze
   Un danze um die Linn,
   Mit eire Kêtse rolze,
   Doch i bleib wu i bin!

6) Der Guguk legt eich selwer
   De Eier als ins Nescht,
   Drum schlacht net eire Kelwer
   For flotte Kerwegäscht.

7) Un wollt er Elwetritsche
   Eich fange, gêt nor hâm,
   Dass die eich net entwitsche
   Un werge bei de Nååcht."

Die in Vers 5 des Liedes genannte „Käize" (Tragkorb, vom hochdeutschen Wort „Kötzen" und vom mittelhochdeutschen Wort „kätze" mit gleicher Bedeutung) war ein weiterer Uzname für die Handschuhsheimer Damen und später für das ganze Dorf. Der Ausdruck selbst ist noch heute in gärtnerischen Kreisen des Stadtteils bekannt und gebraucht. Als Uzname ist er untergegangen. Er bezieht sich auf die sowohl auf dem Rücken als auch auf dem Kopf getragenen Marktkörbe der damaligen Dorfschönheiten.

Folgendes Lied, das heute noch gelegentlich von den Älteren gesungen wird, ist ebenfalls aus Handschuhsheim überliefert:

„Un's Hendsemer Rothaus
Is halwer nuff geel,
Un die Hendsemer Madeln (auch: Berscht'l)
Sinn all halwer scheel."

„Un's Hendsemer Rothaus
Is halwer nuff schwatz,
Un'e Hendsemer Mad'l (auch: Bertscht'l)
Wädd niemols mein Schatz."

„Un's Hendsemer Rothaus
Hot hoche Sparre,
Un die Hendsemer Bärschteln
Sin lauter Narre."

Im Ort selbst wurde früher häufig der Name „Jockl" oder „Jockele" als Schimpfwort, aber auch als Kosename benutzt, beispielsweise als „Dreck-Fress-Jockl".

Wegen ihres schlappenden Ganges und wegen ihrer Schlappen, einer Pantoffel ohne Kappe, waren die Handschuhsheimer vormals auch als „Schlappes" bekannt und geneckt, dieser Uzname ist heute allerdings völlig in Vergessenheit geraten.

Anzumerken sei am Rande, dass in der Nachbargemeinde Neuenheim der Ausdruck „Schlappe" einen Neckarschlepper bezeichnet, der vor der aufkommenden allgemeinen Motorisierung durch seinen Kajütenaufbau die Form eines Hausschuhs hatte.

—◆—

Heidelberg – Kirchheim   „Windbeidel"

Die Kirchheimer sind bei ihren Nachbarn als „Kerchemer Windbeidel" bekannt. Dies soll daher kommen, dass die Kirchheimer in den umliegenden Ortschaften als besonders redselig, selbstbewusst und temperamentvoll galten. Mehr als in den Orten der Umgebung seien dabei die Vorsilben „riesen-", „sau-" oder „mords-" zum Einsatz gekommen. Grund genug also für die Nachbarn, den Kirchheimern den Uznamen „Windbeidel" zu verleihen, den sie bis heute tragen.

—◆—

Heidelberg – Neuenheim
„Die Iwwerflissische" / „Raadel"

Die Lage des Ortes verhalf den Neuenheimern zu ihrem heute noch gebrauchten Übernamen „die Iwwerflissische". Von der Heidelberger Stadtmitte aus gesehen wohnen die Neuenheimer auf der gegenüberliegenden Neckarseite, also „über dem Fluss", wie man zu sagen pflegt. So wurden aus ihnen in doppeldeutiger Weise die „Iwwerflissische" (die Über-flüssigen).

Der weitere, heute weniger bekannte Neckname „Raadel" erinnert an die Zeit der Zugehörigkeit Neuenheims zum Erzbistum Mainz beziehungsweise Worms, die erst im Jahre 1831 endete. Dieses führte ein Rad im Wappen, und so waren die Neuenheimer lange Zeit auch als „Neiemer Raadel" bekannt und geuzt.

Älteren Quellen nach sollen die Neuenheimer vielleicht auch wegen des Unkrauts (Radel) im Getreide zu ihrem Uznamen gekommen sein.

Dritte behaupten, der Uzname leite sich vom mundartlichen Wort für Knüppel ab und solle auf die angeblich früher vorhandene Streitsucht hinweisen.

Welche der vorstehenden Erklärungsvarianten die richtige ist, lässt sich heute allerdings leider nicht mehr mit Gewissheit sagen.

Als „Dappes" (täppischer, unbeholfener, auch geistig etwas beschränkter Mensch) waren die Neuenheimer wie die Dossenheimer früher bekannt, heute hat sich dieser Uzname fast gänzlich verloren.

Weil die Neuenheimer bis ins Jahr 1867 keinen eigenen Pfarrer hatten, wurden sie mit folgendem Neckvers geuzt:

> „Er Naimer Narre,
> Er hätt jo kann Parre".

Die Neuenheimer hießen ehedem auch „Storke" (Störche). Auf dem seit längerem verschwundenen so genannten Lutherhaus, in dem Luther auf seiner Fahrt nach Worms übernachtet haben soll, war ein Storchennest. Man sagte einst, die Neuenheimer müssten einen Storch fett machen, eher dürften sie keine Kirchweih halten, „bis der Storch sei magere Bei verloren hat". Heute hat sich auch dieser Übername für Neuenheim verloren.

—••◆••—

Heidelberg – Rohrbach

„Bachewwer"

Die Rohrbacher sind bei ihren Nachbarn als „Bachewwer" (Bacheber) bekannt. Der Bach, zu dem übrigens nicht nur die Rohrbacher „die Bach" sagen, war Mittelpunkt des Dorflebens, er war ein beliebter alltäglicher Treffpunkt. Man fühlte sich dort gewissermaßen sauwohl, grad wie das Schwarzwild (Eber) in der Suhle. Selbstredend hatte neben Enten und Gänsen auch das häusliche Schweinevieh dort seinen Tummelplatz, besonders am sogenannten „Saulauf".

Warum die Rohrbacher zudem einst auch den heute untergegangenen Uznamen „Katzenschwänze" trugen, ist nicht mehr überliefert.

Heidelberg – Schlierbach

„Waldmenschen"

Zeitgenössischen Quellen zufolge war Schlierbach einst ein „gottverlassenes Nest" zwischen Strom und Wald. Wo sich heute auf einer breiten Uferstraße Autoströme ergießen, führte damals allein ein schmaler Trampelpfad durch das Buschwerk. Nur ab und an sah man etwas außer Natur: etwa das kleine Kapellchen, ehemals die Troststätte der Aussätzigen am Gutleuthofhang, oder etwa den Giebel eines bergwärts stehenden Bauerngehöfts.

Wenn man etwas Glück hatte, erblickte man sogar einen der so genannten „Waldmenschen", wie die Schlierbacher früher von ihren Nachbarn genannt wurden. Dies kam daher, dass sich die Bewohner des Ortes dazumal oft und lange zum Beeren suchen, Pilze sammeln oder Holz schlagen in die nahen mächtigen Wälder am Königsstuhl begaben.

Auch das Sammeln von Holz als Brennmaterial oder Eichenrinde für die Lohmühlen zählte zu den Tätigkeiten der Dorfbevölkerung. Die im Ort weit verbreiteten Tätigkeiten als Holz- und Steinhauer und Mühlsteinhersteller brachten ebenfalls eine häufige Anwesenheit im Wald mit sich. Da Schlierbach reich an Wasser aus dem Nordhang des Königsstuhls ist und über ergiebige Quellen verfügt, gab es in guten Zeiten bis zu fünf Mühlenbetriebe im Tal des Schlierbachs, die mit Wasserkraft gespeist wurden. Dies dürfte auch Grund dafür gewesen sein, dass eine Mühlsteinproduktion im Ort betrieben wurde.

Anscheinend verrichteten die alten Schlierbacher so häufig Tätigkeiten im Wald, dass sie auf diesem Weg zu ihrem Uznamen kamen, der heute allerdings nur noch den wenigsten bekannt ist.

„Die dabbisch Seit" nannte man Schlierbach mit weiterem Uznamen in früheren Zeiten häufig von Ziegelhäuser Seite und unterstellte den Bewohnern im selben Atemzug, die Pfannkuchen nur auf einer Seite zu backen. Dieser Ausspruch nahm Bezug auf die bauliche Situation des Ortes, in dem lange Zeit nur die dem Neckar abgewandte Seite mit Häusern bebaut war.

„Klein-Sibirien" wurde Schlierbach wegen seiner Lage auf der Schattenseite des Neckars genannt. Während Ziegelhausen, auf der Sonnenseite gelegen, im Frühjahr häufig schon schneefrei war, erwarteten den Reisenden auf der gegenüberliegenden Neckarseite in Schlierbach häufig noch Schnee und niedrigere Temperaturen, was die Bewohner der Umgebung schließlich dazu brachte, Schlierbach in „Klein-Sibirien" umzutaufen.

Im Ort selbst wurden die Bewohner der Au als „Aunickel", die Bewohner des Bereichs um die Mühlen als „Schlierbäscher", die des Unterdorfs als „Unterdörfler" und die Hausacker-Anwohner schlicht als „die do drin" bezeichnet, welches allerdings ortsinterne Namen waren, die nicht von Auswärtigen zum Necken verwendet wurden.

Heidelberg – Weststadt   „Musebrotviertel"

Die Heidelberger Weststadt ist auch als „Musebrotviertel" in der Stadt und im Umland bekannt. Die meisten Bewohner dieses Heidelberger Stadtteils waren einstmals wahrlich nicht mit Reichtümern gesegnet. Deshalb waren auch nicht Wurst, Käse oder Butter, sondern oftmals lediglich selbst eingekochte Marmelade (Mus) von Früchten aus dem eigenen Garten der Brotbelag. Während sich heute alle Bewohner der Weststadt Wurst und Käse leisten können, ist der Uzname dem Stadtteil als Erinnerung an schlechtere Zeiten geblieben.

Heidelberg – Wieblingen
„Wasserratten" / „Schläfer"

Die Wieblinger wurden durch ihre Nähe zum Neckar zu „Wasserratten". Waren ihnen einerseits durch die Lage am Wasser diese Nagetiere selbst bestens bekannt, wurden die Wieblinger in den Sommermonaten beim Badevergnügen selbst zu solchen und kamen so zu ihrem heute noch bekannten Uznamen „Wasserratte". Schon in jungen und jüngsten Jahren sollen die kleinen Wieblinger über den Neckar gehundelt (d. h. schwimmen wie ein Hund paddelt) sein.

Als „Schläfer" waren die Wieblinger einst ebenfalls bekannt. Diesen Uznamen bekamen sie angeblich, weil die Sonne vormittags erst spät im Ort angekommen sein soll und die Bewohner so angeblich immer ein wenig länger in den Betten gewesen sein sollen als ihre Nachbarn. Aus diesem Grund gelten sie zudem als langsamer als ihre Nachbarn.

Mit „Neckarschleimer" sollen nach alten Quellen die Wieblinger zudem einst geuzt worden sein, ein Uzname, den sie mit den Heidelbergern gemein hatten.

Als „Puhlzapper" (Jauchezapfer) waren die Wieblinger seit alters her außerdem bekannt. Dieser Uzname leitet sich von den früher überwiegend in der Landwirtschaft tätigen Bewohnern des Ortes ab, die oftmals Jauche vom Jauchewagen auf die Felder verteilt haben. Heute ist der Uzname allerdings überwiegend für die Seckenheimer Nachbarn aus Mannheim bekannt und weniger für die Wieblinger.

Heidelberg – Ziegelhausen   „Bleelumbe"

Die Ziegelhäuser waren im Umland als die „Bleelumbe" bekannt. Das Wäschereigewerbe wird schon im Jahr 1837 erstmals urkundlich im Ort erwähnt. In dem ehemaligen Wäscherdorf wurde einstmals viel Wäsche der Bewohner von Heidelberg gewaschen. Beim Waschen durchlief die Wäsche folgende Arbeitsgänge: Einweichen, Kochen, Bürsten, Spülen, Bleuen und Trocknen. Zum Bleuen wurde nach dem Spülen das „Bleewasser" zubereitet. Ultramarin-Kügelchen wurden in Leinensäcke („Bleelumbe") gefüllt und nach dem Waschen zum „Bleewasser" gegeben, um die Wäsche besonders schön weiß zu machen. Die Kundenwäsche erhielt so ihre strahlend weiße Farbe und die Ziegelhäuser ihren Uznamen, der ihnen bis heute erhalten geblieben ist.

Eine boshafte Umdeutung der Tätigkeit der Frauen im Ort mag der ebenfalls in den Dörfern der Umgebung bekannte Ausdruck „Wäschweiwer" für die Ziegelhäuser Frauen sein, bezeichnet er doch im allgemeinen in der deutschen Sprache eine klatschsüchtige Person. Vielleicht ist der Ausdruck aber auch losgelöst von Hintergedanken in Hinsicht auf den Beruf der Frauen des Ortes entstanden, dies kann heute nicht mehr ergründet werden.

In alten Quellen findet sich der Hinweis, dass die Bewohner von Ziegelhausen, wie auch die von Neuenheim, als „Radel" bekannt gewesen sein müssen. Das Wort soll wohl Knüppel bedeuten und auf ihre angeblich früher vorhandene Streitsucht hinweisen. Allerdings ist der Neckname heute völlig untergegangen.

Die Bewohner des Ortsteils Peterstal, nördlich der St.-Peters-Kirche, werden im Volksmund „Glashütter" genannt. Dieser Name, weniger ein Neckname denn ein erklärender Name, erinnert an die Gründung der Ortschaft durch den Betrieb einer Glashütte im Jahr 1710 und ist noch heute bekannt.

In Ziegelhausen gibt es drei Rainwege: den Oberen Rainweg, den Mittleren Rainweg und den Rainweg. Die Anwohner des Rainwegs wurden zunächst „Rainwegler" genannt. Im Laufe der Zeit entstand vermutlich durch Verballhornung der heute noch bekannte Uzname „Råånwergler". Mitunter werden auch die Mitglieder des Athletenclubs „Germania" Ziegelhausen mit diesem Necknamen belegt, weil viele von ihnen im Rainweg wohnhaft sind bzw. einstmals waren.

Allerdings könnte man auch den Uznamen von der Kombination des Wortes „Rain" mit dem mundartlichen Ausdruck „wergle" für „wälzen" oder „kullern" herleiten.

Grußwort

Unter dem vielversprechenden Titel „Von Bloomäuler, Lellebollem und Neckarschleimer" legt der verlag regionalkultur eine in mehrfacher Hinsicht bemerkenswerte Veröffentlichung von David Depenau vor. Erstmals werden die Uznamen für Heidelberg, Mannheim und den Rhein-Neckar-Kreis auf ihre Entstehung und ihre Bedeutung hin systematisch aufgezeichnet und untersucht.

Mannheim mit seinen rund 310.000 Einwohnern ist heute das kulturelle und wirtschaftliche Zentrum des siebtgrößten Wirtschaftsraumes der Bundesrepublik. Das Stadtgebiet umfasst neben der Innenstadt 16 Stadtteile, die größtenteils in der Zeit zwischen 1891 und 1930 eingemeindet wurden. Dieser Zusammenschluss einzelner Gemeinden erklärt sowohl die verschiedenen Dialekte innerhalb des Mannheimer Stadtgebiets als auch die unterschiedlichen Ortsnecknamen oder auch Uznamen, mit denen die einzelnen Stadtteile bedacht sind.

Viele Uznamen sind bei der jüngeren Generation größtenteils in Vergessenheit geraten, bzw. ihr teilweise sogar völlig fremd. Die älteren Mitbürger bewegen sie zu einer gedanklichen Reise in die Vergangenheit. Das vorliegende Buch stellt somit einen wichtigen Beitrag zum Erhalt von mundartlichem Brauchtum dar. Die Necknamen der einzelnen Stadtteile geben auf humorvolle Weise Aufschluss über so manche Eigenarten.

Den Leserinnen und Lesern wünsche ich heitere und vergnügliche Stunden bei der Lektüre dieses Buches.

Gerhard Widder
Oberbürgermeister der Stadt Mannheim

Mannheim

Mannheim

„Bloomäuler"

Die Mannheimer sind im Lauf der Zeit mit mehreren Uznamen bedacht worden, die alle heute noch einen relativ großen Bekanntheitsgrad genießen.

„Bloomäuler" (Großmäuler, selbstbewusste Schwätzer, Aufschneider) wurden die Mannheimer, weil sie von der Natur mit einem freimütigen, wortreichen und schlagfertigen Mundwerk ausgestattet worden sein sollen. Vom blauen Dunst (bloo = blau), der ihren Mündern beim Babbeln angeblich entsteigt, zeugt heute noch der „Bloomaulorde", der alljährlich an Fastnacht für Verdienste um das „Mannemerische" verliehen wird. Unter den Ordensträgern sind u. a. Anneliese Rothenberger, Sepp Herberger, Carl Raddatz und Joy Fleming. Gemäß Satzung wird der Orden an Fastnacht anlässlich des Prinzenfrühstücks vom Prinzen persönlich verliehen, seit 1971 jedoch während einer Fastnachts-Aufführung im Nationaltheater durch seinen Stifter Rainer von Schilling. Der „Bloomaulorden" soll in erster Linie Menschen ehren, die das Herz auf dem rechten Fleck haben und sich um das Mannheimerische verdient gemacht haben.

Der Übername galt früher geradezu als Ehrentitel und Dokument für die Stammeszugehörigkeit. Die Mannheimer nannten sich auch selbst so und ein bekannter Stammtisch in der Stadt trug diesen Namen.

Andere Deutungsweisen leiten das Wort „blooe" (blähen) vom mittelhochdeutschen „bliuwen" (schlagen?, lügen, aufschneiden) ab, im Resultat bleibt aber die Bedeutung der Wortschöpfung gleich. Heidelberger nennen Nachrichten und Erzählungen, die sie von Besuchen aus Mannheim mitbrachten, den „Mannemer Wind", weil sie in der Regel übertrieben und nicht ganz glaubwürdig gewesen sein sollen.

Desgleichen wird gerne auch noch von den „Mannemer Krischer" oder „Grischer" (Kreischer) gesprochen. Dies soll sagen, dass die Mannheimer oftmals viel und (vor-)laut geredet haben sollen. Neben den Mannheimern galten allgemein die Pfälzer in schriftlichen Quellen bereits seit dem 19. Jahrhundert als „Pälzer Krischer", und auch in Ladenburg hat sich dieser Uzname bis heute erhalten. Tatsächlich ist die Lautstärke auf beiden Seiten des Rheins für ein empfindliches Ohr schon ein „Gegreisch". Und davon gab es viel in Mannheim, aber ein „vergrischener Kerl" war selbst Mannheimern zu laut.

Auch als „Wuppdich" oder „Wuppdisch" (von wuppdisch = hoppla!, fix, schnell, kehr dich, beweg dich schnell) sind die Mannheimer, besonders im Odenwald, bekannt. Dies soll bedeuten, sie seien schnell und flink mit Kopf und Zunge. Diesen Uznamen mögen die Mannheimer allerdings nicht besonders gerne. Von diesem ungeliebten Uznamen zeugen noch folgende, heute fast vergessene Neckreime:

„Mannemer, Mannemer, Wubbwubbwubb,
Alle Daag Kartoffelsupp,
Alle Daag Kartoffelbrei,
Sinn die Mannemer glei dabei."

„Mannemer Wubbdisch,
Drei Marg fuffzisch."

Im Wettstreit zwischen den Städten wurde immer wieder gerne behauptet: „Mannem vorne, Heedelberch hinne", was von Letzteren natürlich stets gedreht behauptet wurde: „Heedelberch vorne, Mannem hinne." Dieser Ausspruch stammt aus der Zeit des aufkommenden Zugverkehrs: Die älteste badische Eisenbahnlinie zwischen Mannheim und Heidelberg wurde 1840 eröffnet. Einige Jahre später baute man die Main-Neckar-Bahn von Frankfurt nach Heidelberg, das heißt, man wollte sie bauen, denn es erhob sich ein mächtiger Streit zwischen Mannheim und Heidelberg, weil auch Mannheim gerne Endstation der Eisenbahnlinie geworden wäre. Schließlich einigte man sich auf einen faulen Kompromiss, die neue Bahn genau in der Mitte der bereits gebauten Strecke Mannheim-Heidelberg münden zu lassen. Noch heute müssen die Reisenden nach Mannheim meistens umsteigen. Einst führten die Heidelberger Züge Kurswagen nach Mannheim, die das Zugende bildeten. Damit die Fahrgäste richtig einstiegen, riefen die Schaffner auf den Stationen: „Mannem hinne", ein Ausdruck, der zum geflügelten Wort und von den Mannheimern bekanntlich in „Mannem vorne" gedreht wurde.

Früher kannte man zudem noch den „Mannemer Schbanner". Dieser stand am Marktplatz oder an der Neckarbrücke und „spannte" auf Gelegenheitsarbeit, besonders auf eingelaufenen Schiffen. Diejenigen, die Arbeit erhaschen konnten, trugen manches Mal die Zweizentnersäcke vom Schiff ans Ufer und verhalfen der Stadt so zu ihrem weiteren, heute bereits vergessenen Uznamen „Saggdreeger".

Mit Karlsruhe war man schon lange in freundschaftlicher Rivalität verbunden. Die Mannheimer nannten die Karlsruher seit langem „Spätzle", weil sie diese für Schwaben hielten. Den Karlsruhern sagte man früher nach, sie seien zu bescheiden im Gegensatz zu den Mannheimern. Daher erklärt sich die Redensart: „Wenn ein Karlsruher ein Beefsteak gegessen hat, sitzt er da, wie wenn er Mehlbrei gegessen hätte. Wenn aber ein Mannheimer Mehlbrei gegessen hat, stochert er sich die Zähne, wie wenn er Beefsteak gegessen hätte."

Wie die ebenfalls am Neckar wohnenden Heidelberger wurden auch die Mannheimer vereinzelt in der Vergangenheit als „Neckarschleimer" geneckt, ein Uzname, der sich heute allerdings in Mannheim vollständig verloren hat.

Mannheim – Feudenheim

„Lallehaag"

Der Feudenheimer Neckname „Lallehaag" oder „Lalleheegler" stammt von einer Eigenart der lokalen Kurpfälzer Mundart: Man sprach früher in Feudenheim das „D" und das „T" zwischen Vokalen als „L" und war daher in „Feilene" (Feudenheim) hinterm „Lallehag" (Lattenzaun) daheim. Nicht nur um jeden Garten im Ort und um den Sportplatz des Ortes herum stand einstmals ein Lattenzaun, gar der ganze Ort soll in jenen Tagen von einem Zaun eingeschlossen gewesen sein, was vielleicht ausschlaggebend für die Verleihung des Uznamens gewesen sein könnte. Der Lattenzaun stand sicherlich als Symbol der Dörflichkeit in Feudenheim, und mit dem Ausspruch: „Der Lallehag wird weggeräumt, mit Eisegegiller (Eisengitter) werd oigezeunt" sollte der Wandel der Ortschaft hin zum Stadtteil ausgedrückt werden.

Mannheim – Friedrichsfeld

„Schlabbdewwl"

Die Friedrichsfelder wurden im Laufe ihrer relativ jungen Ortsgeschichte gleich mit mehreren Ortsnecknamen belegt. Am bekanntesten ist noch heute der Uzname „Schlabbdewwl". Aber auch der Neckname „Neudörfler" ist ebenfalls wie der dritte für Friedrichsfeld überlieferte Uzname „Schoode" im Ort bekannt.

„Schlabbdewwl" nannte man die Friedrichsfelder einst und bis auf den heutigen Tag. Dies geschieht nicht, wie vielfach angenommen, wegen des Schuhwerks der Friedrichsfelder Ahnen. Der Uzname stammt vielmehr vom Vorstand des Gesangvereins Frohsinn, einem Meister Riedel, der aus der Pfalz stammte. Waren wieder einmal Mitglieder des Vereins zu spät zur Probe erschienen, was häufiger geschehen sein soll, habe der erboste Vorstand diese als „Schlabbdewwl" bezeichnet. Dies heißt in der Pfälzer Mundart nichts anderes als „Schlampige Teufel" und wurde den Friedrichsfeldern mit der Zeit zum heute bekanntesten Uznamen.

„Neudörfler" nannte man die Friedrichsfelder, weil ihr Ort erst 1682 als Hugenottensiedlung, verglichen mit den Dörfern der Nachbarschaft also relativ spät, entstanden ist. Auch dieser Uzname genießt noch heute einen relativ hohen Bekanntheitsgrad in der Umgebung.

Die Friedrichsfelder sind weiter auch als „Schoode" bekannt. Dies bedeutet soviel wie „närrischer Kerl" oder „Faxenmacher" und soll vom hebräischen Wort „schâtâh" herstammen. Es ist heute leider nicht mehr bekannt, warum man gerade den Friedrichsfeldern ein besonders närrisches Gemüt nachsagt, dass es ihnen sogar zu einem Uznamen verholfen hat.

Im Nebenerwerb stellten die Friedrichsfelder in früheren Zeiten ebenfalls häufig Körbe her. Der daraus resultierende, heute gänzlich untergegangene Uzname „Korbmacher" war in jenen Tagen auch in der Umgebung des Ortes bekannt.

Mannheim – Hochstätt　„Die Station" / „Barackler"

„Die Station" nannte man Hochstätt in Zeiten, als der heutige Mannheimer Ortsteil aus nicht viel mehr als zwei Gaststätten und einem Bahnhof für die Seckenheimer Arbeiter bestand. Heute gibt es einige Häuser mehr in Hochstätt, der Uzname „Die Station" ist den Hochstättern allerdings erhalten geblieben.

Auch „Barackler" nannte man die Hochstätter eine Zeit lang. Dieser Uzname beschreibt den einstigen Zustand der Siedlung treffend, deren Bewohner sich in früheren Zeiten oftmals ihrer Herkunft schämten und verschämt: „Vun Seggene" antworteten, wenn man sie nach ihrer Herkunft fragte.

Mannheim – Jungbusch　　　　　„Jungbusch"

Die westliche Unterstadt war in Mannheim früher als „Jungbusch" und als „die Filsbach" bekannt. Dieser kleine Fluss durchfließt den Stadtteil und verhalf wahrscheinlich dem heutigen Mannheimer Innenstadtbezirk zu seinem Uznamen. Da das Viertel in Hafennähe liegt, hat es seinen besonderen Reiz. In einem Kinderreim heißt es: „Gille, gille Jungbusch, gille, gille Filsbach", weil es dort auch schon mal eine kleine Messerstecherei gab.

Ein Teil von Jungbusch, einem der ältesten Stadtteile Mannheims, wird auch „Erbseviertel", „Bohneviertel" oder „Schdaarepiff" genannt.

Mannheim – Käfertal　　　　„Löwenjäger" / „Leb"

Es war in den achtziger Jahren des 19. Jahrhunderts. Man hatte gerade das Gasthaus „Zu den drei Jägern", den späteren „Löwen", eingeweiht, als am Abend des 21. Juli 1885 zwei Holzfäller atemlos aus dem Wald kamen und die Nachricht verbreiteten, im Wald einen Löwen gesehen zu haben. In kurzer Zeit hatte sich eine stattliche Anzahl beherzter Männer, bewaffnet mit Mistgabeln, Dreschflegeln und starken Prügeln, zusammengefunden. Mit den Jägern zog die schwerbewaffnete Schar in den Wald, um den Löwen zu erlegen. Bald war das Gebiet, in dem der Löwe erblickt worden war, eingekreist und immer mehr der mitgeführten Hunde schlugen an. Plötzlich erspähte

man im Dickicht ein zottiges Ungeheuer, dessen Knurren den Lärm bei weitem übertönte. Durch einige wohlgezielte Schüsse konnte es zur Strecke gebracht werden. Dem Löwen wurden die Beine zusammengebunden und die Beute wurde, über eine Stange aufgehängt, nach Hause getragen. Dort wurde die Löwenjagd, wie konnte es anders sein, mit einer feuchtfröhlichen Feier beschlossen. Groß war allerdings die Überraschung, als man entdeckte, dass man einen Bernhardiner, der einem fahrenden Scholaren entlaufen war, erlegt hatte. So wundert es niemanden, dass die freundlichen Nachbarn ob dieses Missgeschickes die Käfertaler fortan und bis heute die „Löwenjäger" nannten. So sollen nach schriftlicher Überlieferung die Käfertaler zu ihrem Uznamen gekommen sein.

Andere mündliche Quellen meinen, den Käfertalern solle angeblich während des Aufkommens der Neckarschifffahrt dasselbe Missgeschick widerfahren sein wie den Handschuhsheimern. Auch sie sollen das Nebelhorn eines Neckarschleppers mit Löwengebrüll verwechselt und sich zusammengerottet auf Löwenjagd begeben haben. So seien sie zusätzlich zu ihrem Uznamen „Leb" (Löwe) oder „Löwenjäger" gekommen.

Die Käfertaler waren früher als „Kienholzschdumbe" bekannt. Wahrscheinlich rührt dieser heute fast untergegangene Uzname daher, dass die Bewohner des Ortes einst in Zeiten materieller Not mit dem Verkauf von Kienhölzern als Feueranzünder und Leselichter versucht haben, ihre knappen Haushaltskassen aufzubessern. Von diesem heute untergegangenen Necknamen zeugt noch der folgende Vers:

> „Wallstadt ist der Bettelsack,
> Käfertal ist der Kienholzstumpe,
> Feudene ist die Milchpumpe."

Mannheim – Lindenhof

„Musebrotverdel"

Der Mannheimer Stadtteil Lindenhof war als „Musebrotverdel" in der Stadt und im Umland bekannt. Dies sollte einstmals ausdrücken, dass hier die reichen Leute wohnten, die sich Marmelade (Mus) auf dem Frühstücksbrot leisten konnten.

Andere meinen, es hätten auch solche hier gebaut, die es sich eigentlich gar nicht hätten leisten können. Dadurch waren sie gezwungen, sehr zu sparen, und hätten statt Wurst nur Marmelade auf dem Brot gehabt.

Wie auch immer der Uzname genau zustande kam, ist heute nicht mehr zu erfahren. Die Bedeutung aber ist, unabhängig von der Entstehung, eindeutig: im Lindenhof wohnten einst die „besseren Leute" oder die, die dazu gezählt werden wollten.

Mannheim – Luzenberg

„Die Spiegel"

Die Gegend und selten auch die Bewohner von Luzenberg nannte man einst „die Spiegel". Dies kommt daher, dass in Luzenberg die erste und älteste Spiegelfabrik Deutschlands seit 1854 besteht und dem Stadtteil so zu seinem bis heute gebrauchten Uznamen verholfen hat.

Mannheim – Mitte

„Schnoogebuggl"

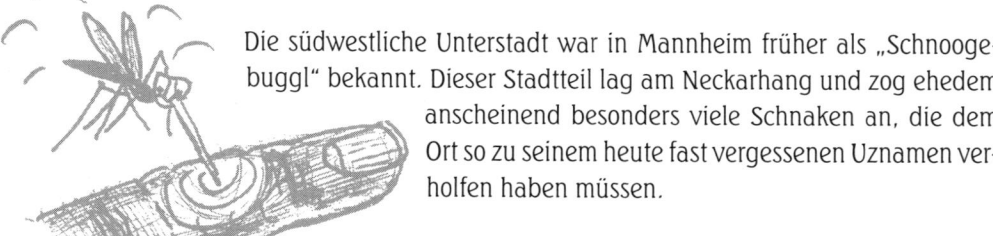

Die südwestliche Unterstadt war in Mannheim früher als „Schnoogebuggl" bekannt. Dieser Stadtteil lag am Neckarhang und zog ehedem anscheinend besonders viele Schnaken an, die dem Ort so zu seinem heute fast vergessenen Uznamen verholfen haben müssen.

Mannheim – Neckarau

„Pilwe"

Die Neckarauer werden aus zweierlei Gründen „Pilwe" genannt. Als wahrscheinlichste Variante gilt, dass die großen,
zweischläfrigen und mit Gänsedaunen gefüllten Kopfkissen
(mittelhochdeutsch = pfülwe, Pfühl), die morgens in den
offenen Fenstern fast jeden Hauses im Dorf zum Lüften
lagen, dem Ort zu seinem Necknamen verholfen haben.
Andererseits heißen aber auch ungeschliffene, grobschläch-
tige Menschen in dieser Gegend mundartlich „Pilwe", so-
dass nicht sicher ist, welche der zwei Entstehungsvarianten
dem Ort letztlich zu seinem Uznamen verholfen hat. Die Neckarauer sind aber heute über diesen
Uznamen nicht mehr böse und haben sogar ihren Karnevalsverein danach benannt.
Oft wird im Ort versucht, die Herkunft des Necknamens von einem fremdsprachlichen Wort für
die Gans abzuleiten, das „Pulwa" lauten solle. Leider ist nicht zu erkunden, welche Sprache
gemeint sein soll. Latein und Griechisch, die hierbei gerne angeführt werden, scheiden jedenfalls
nach sorgfältiger Prüfung aus.
Eine weitere Erklärungsvariante, die von Einheimischen seltener vorgebracht wird und von Historikern stark angezweifelt wird, besagt, dass die Pferdeknechte und Burschen des Ortes früher
überwiegend Philipp geheißen haben sollen, was dem Ort nach anderer Erzählart zu seinem
Uznamen „Pilwe" verholfen habe.
Auch als „Neckarschleimer Ratze" waren die Neckarauer, nach alten Quellen, bei ihren Nachbarn bekannt und verrufen. Zusätzlich hießen die Neckarauer nach dem mystischen, nicht exis-
tierenden Vogel „Elbetritsch". Zur Erklärung erzählte man Folgendes: Man redete einem vor,
man wolle „Elbetritsche" fangen, und ließ nun den Betreffenden, wenn es dunkel geworden
war, einen Sack halten, in den man, von jenem unbemerkt, heimlich Steine hineinpraktizierte.
Dann machten sich die anderen mit Laternen auf, um angeblich die Vögel herbeizutreiben, und
ließen den Ahnungslosen mit dem schweren Sack stehen. So einer soll öfter die ganze Nacht
dagestanden haben. Aber auch diese beiden letztgenannten Necknamen sind heute untergegangen und kaum mehr bekannt.

Mannheim – Neckarstadt

„Neckarschleimer"

Die Neckarstädter waren früher, wie auch die Heidelberger und die Ladenburger, als „Neckarschleimer" (Schleim = Schlamm) bekannt. Die Gegend ist ehemaliges Schwemmgebiet und hat

so den Neckarstädtern zu ihrem Uznamen verholfen, der in nachfolgendem Reim bis in heutige Tage überdauert hat:

> „Neckarschleimer Radse
> Reide uff de Kadse,
> Reide bis ans Neggerdoor,
> Neggerschleimer Lumbekoor."

Auch soll der Hafen mit manch dunklen und unsauberen Gestalten dem Uznamen in früheren Zeiten zusätzlichen Auftrieb verschafft haben.

Der nicht so sehr geliebte Mannheimer Uzname „Wuppdich", so wird heute berichtet, sei in Neckarstadt erstmals aufgekommen.

—◆—

Mannheim – Oststadt „Musebrodverdel"

Die Oststadt war mit die beste Wohnlage in Mannheim, die Bewohner mit die begütertsten Einwohner der Stadt. Entstanden zuerst in den Quadraten L 5 bis L 11 ab etwa 1885 die Villen des Mannheimer Geldadels, wurde später die Oststadt zum bevorzugten „Reischeleidsverdl" oder „Millioneverdel". Deshalb bezeichnete man diesen Stadtteil wie auch den benachbarten Lindenhof und manchen reicheren Stadtteil anderer Städte als „Musebrodverdel". Der Volksmund behauptete, dass sich manche Bewohner dieses Viertels wahrscheinlich öfter Marmelade statt Wurst aufs Brot schmieren mussten, um die Wohnung oder das Haus in diesem besseren Viertel der Stadt halten zu können.

—◆—

Mannheim – Rheinau „Sandhase"

Die Rheinauer werden wie einige Orte der Umgebung als „Sandhase" bezeichnet, weil die Ansiedlung einst auf sandigem Untergrund errichtet wurde und heute noch steht.

Der erste Siedler auf der Rheinau, die zum Zeitpunkt der Erstbesiedlung in der Neuzeit fast ausschließlich aus Sanddünen und Gestrüpp bestand, Stephan Christian Franz Nikolaus Freiherr von Stengel, ein hoher Beamter des Kurfürsten, stammte aus Seckenheim. Er soll in einem Schriftwechsel mit seinem Landesherrn über seinen neuen Wohnort geschrieben haben, „es gäbe nichts

als Sand, und Fuchs und Has' sagten sich gute Nacht an diesem Ort".

Auch die Seckenheimer Bauern sollen über den neuen Siedler auf der Rhein-au, der in einer unwirtschaftlichen Gegend sein Relaishaus erbaut hatte, gesagt haben: „Was will der ‚Sandhase' dort im Sand?" Zudem bevorzugten viele Kaninchen, die mundartlich auch Hasen genannt werden, den sandigen Boden der Umgebung, um dort ihre Höhlensysteme zu graben, was bis heute unverändert der Fall ist.

Vielleicht haben dieser Brief oder die Ausrufe der Seckenheimer den späteren Einwohnern zu ihrem Uznamen verholfen? Bekannt ist jedenfalls, dass die Einwohner der auch auf sandigen Böden gebauten Dörfer der nördlich von Karlsruhe gelegenen Hardt, so beispielsweise Forst, Graben, Rintheim und Wiesental, ebenso oftmals als „Sandhasen" tituliert wurden. Was genau den Uznamen, der seit 1962/63 vom örtlichen Karnevalsverein getragen und damit am Leben erhalten wird, verursacht hat, ist leider auch nach dem Blick in die Archive nicht mehr im Detail zu erkunden.

* ◆ *

Mannheim – Sandhofen   „Schdichler"

Sandhofen mit seiner über 1100-jährigen Geschichte bildet eine Ausnahme im Kreis der Orte im Rhein-Neckar-Kreis. Es ist heute trotz vieler heimatkundlicher Veröffentlichungen und zahlreich vorhandener Geschichtsdokumentationen kein gemeinsamer Uzname für die Sandhofener (mehr?) bekannt. Lediglich zwei ortsinterne Namen, eher beschreibende Namen, sind später von einem Karnevalsverein und einer Vereinigung als Namen verwendet worden und erlangten so eine gewisse Bekanntheit in der näheren Umgebung des Ortes.

„Schdichler" ist einer dieser beiden Namen für Leute aus Sandhofen. So nannte man den Teil der Dorfbevölkerung, die in der Nähe der Straßenbahn-Endstation wohnten. Lag diese doch an einem Hang, der allgemein im Volksmund als „Stich" bezeichnet wird. Hier befand sich ein Zentrum des Dorflebens und, wenn man so will, auch der Gerüchtemarkt des Ortes. Wie bereits erwähnt ist der Name „Schdichler" aber kein historisch gewachsener Uzname, denn erst im Jahr 1957 funktionierte der Redakteur Ernst Gimbel den eigentlich eine örtliche Begebenheit beschreibenden Namen in einen komischen Namen um, um den neu gegründeten Karnevalsverein so zu taufen. Im Zuge der Vereinstaufe wurde der eigentliche Wortsinn (Steige) um den Begriff sticheln (für ärgern, foppen, necken) erweitert, um ihn für den Karnevalsverein anzupassen. Noch heute trägt der örtliche Karnevalsverein diesen Namen und hält ihn so in der Erinnerung der Bevölkerung lebendig.

Der ältere, aber ebenfalls nicht historisch gewachsene und heute fast vergessene Uzname für den ältesten Teil von Sandhofen lautet „Bockscheller". Die „Bockschell" ist ein Ortsbereich, an dem sich früher einmal die Vatertierhaltung des Dorfes befand. Der Sage nach soll sich einmal ein männliches Tier, um zu einem weiblichen Artgenossen zu gelangen, beim Sprung über die Zäune das Geschlechtsteil (die „Schell") abgerissen haben.

Der nach diesem Zwischenfall benannte Ort hat lange Zeit den alteingesessenen Bewohnern von Sandhofen und später auch einer Kerwe zum Namen gereicht.

Mannheim – Seckenheim   „Puhlzabbe"

Die Seckenheimer sind in ihrer Umgebung als „Puhlzabbe" oder einfach nur als „Zabbe" bekannt. Die Bewohner des Ortes leerten einst die Mannheimer „Puhllöcher" (Jauchegruben) mit „Puhlscheppern" (eimerartiges Schöpfgefäß an langer Stange, später auch Name der Weinheimer Karnevalsbütt) in „Puhlfässer" (Jauchefässer) und „puhlten" (düngten) damit ihre Felder. Fuhrwerke mit einem Fass „Puhl" (Jauche) gehörten dereinst zum Straßenbild der ehedem bäuerlich geprägten Ortschaft. Mit „Zabbe" (Zapfen) und Lappen wurden die Fassöffnungen abgedichtet. Noch heute erinnert im Mittelpunkt des heutigen Mannheimer Stadtteils ein steinernes Jauchefass an die traditionelle Landwirtschaft und an den Seckenheimer Necknamen.

Doch nicht nur zum Düngen der Felder sollen die Seckenheimer die Jauche einst verwendet haben. Ältere Nachbarn wissen noch heute zu berichten, dass bei Bränden in lange zurückliegender Zeit in Seckenheim manches Mal schneller Jauche als Wasser in den Löschzug gepumpt worden war und damit des öfteren erfolgreich die Flammen niedergerungen werden konnten.

Von Bewohnern der Nachbarorte wird ebenfalls berichtet, die Seckenheimer seien zu ihrem Necknamen gekommen, weil einem der ihren einmal beim Transport der Jauche der „Zabbe" am letzten Fass verloren gegangen sei. Um nicht die Straße zu verschmutzen, soll er angeblich in bester Schildbürgermanier am vordersten Fass den Zappe gezogen, ihn ins letzte Fass gesteckt und so seinem Ort zum heute noch bekannten Necknamen verholfen haben.

Folgender Neckspruch über Seckenheim und Ilvesheim ist uns bis heute erhalten geblieben:

„Ihr Seggemer, do hockt'er,
Un habt jo kän Dokter,
Ihr Ilweser Narre,
Ihr habt jo kään Parre,
Ihr habt jo kään Mann,
Wo eich predische kann."

Als „Bloosarsch vun Seckene" war im ganzen Land derjenige bekannt, der nicht genannt werden sollte. Auf die Frage: „Wer waren des?" antwortete derjenige, der die richtige Antwort nicht geben konnte oder wollte: „De Bloosarsch vun Seckene" und verhalf dem Ort so zu weiterer Bekanntheit. Möglicherweise gab es in Seckenheim einmal eine Bleckerfigur (Figur, die das nackte Gesäß zeigt, ursprünglich zur Dämonenabwehr), die dem Ort zu seinem heute noch bekannten Ausspruch verholfen haben könnte.

Mannheim – Waldhof   „Benz-Barackler"

Einige Bewohner dieses Mannheimer Vororts im Norden wurden früher als „Benz-Barackler" bezeichnet, was auf die Existenz von ehemals in diesem Stadtteil vorhandenen Produktionshallen der Daimler-Benz-Werkstätten hinweist. Allerdings sollte man sich sehr hüten, alle Bewohner des Waldhof so zu nennen. Gemeint waren damit ausnahmslos sozial schlechter gestellte Bewohner des Stadtteils, die einst angeblich in den Baracken gehaust haben sollen. Alte Waldhöfer wehren sich bis zum heutigen Tag vehement, mit diesem Necknamen gerufen zu werden.

Mannheim – Wallstadt   „Gowe"

Die Wallstädter wurden einst mit dem Uznamen „Gowe" geneckt. Früher gab es im Ort viele Einwohner, die den Vornamen Jakob trugen. In der örtlichen Mundart wurden die vielen Jakobs mit „Gowe" (Jakob…Jakobe…Jagobe…Jagowe…Gowe) abgekürzt gerufen. Sie, nicht wie vielfach vermutet wird, die auch mit „Jakob" gerufenen Raben, brachten dem Ort den heute noch bekannten Necknamen ein, der unter anderem auch durch den Fanfarenzug und den Karnevalsverein, die beide den Uznamen als Vereinsnamen angenommen haben, in Erinnerung gehalten wird.

Grußwort

Sich mit der lokalen Geschichte zu befassen ist eine reizvolle und inhaltsreiche Aufgabe. Die Uz- oder Necknamen der Orte haben eine über Jahrhunderte währende Tradition. Eine Tradition, die sich in unserer von der Technik und den neuen Medien geprägten Zeit zu verlieren droht. So ist es wichtig und mir persönlich ein Anliegen, dass solche Namen im Gedächtnis der Menschen bewahrt werden. Uz- und Necknamen geben über die Gemeinde und ihre Bewohner Auskunft. Sie legen Zeugnis ab über die Eigenart der Menschen, karikieren mit Hintersinn Ereignisse aus früherer Zeit oder weisen auf die Landschaft und ihre typischen Merkmale hin.

David Depenau hat sich in seinen bisherigen Veröffentlichungen als ausgewiesener Kenner der regionalen Heimatgeschichte erwiesen. Liebevoll zeichnet er in seinen Einzelbeiträgen Bilder der besprochenen Orte und ihrer Menschen. Gleichzeitig gelingt es ihm immer wieder, örtliche Ereignisse in den Kontext zu politischen oder kriegerischen Auseinandersetzungen zu stellen. So wird ein Stück Heimatgeschichte „von unten nach oben" geschrieben, sie wird erleb- und spürbar. Der Autor würzt seine heiteren, aber auch besinnlichen Beiträge durch Kinder-, Auszähl- und Neckreime und lässt damit die Vergangenheit quasi durch Zeitzeugen lebendig werden. Die Sprache, das Denken und die Lebenseinstellung bleiben authentisch, in humorvoller Form, erhalten.

Ich will dem Autor David Depenau für seine mühevolle, zeitaufwendige Arbeit danken. Er hat einen wesentlichen Beitrag zum Erhalt des Wissens über die Orte, aber auch des Brauchtums im Rhein-Neckar-Kreis geleistet. Der Veröffentlichung wünsche ich einen großen Erfolg und den Leserinnen und Lesern vergnügliche Stunden bei der Lektüre.

Dr. Jürgen Schütz
Landrat des Rhein-Neckar-Kreises

Rhein-Neckar-Kreis

Rhein-Neckar-Kreis

Altlußheim   „Kühbumber"

Die Altlußheimer wurden früher von ihren Nachbarn mit zwei Uznamen versehen:
Wegen ihrer sehr kraft- und stimmintensiven Art, das Vieh auf die Weide auszubringen, wurden sie von ihren Nachbarn als „Altlossemer Kühbumber" bezeichnet. Kühe waren einst die Last- und Zugtiere der normalen Bauern. Zwar konnten sich diese keine Pferde leisten, waren aber mit Kühen immer noch besser gestellt als Kleintierbesitzer. Denn Kühe waren als Zugtiere auf dem Feld wie auch als Wagentiere gut zu gebrauchen. So ist es vorstellbar, dass nicht nur beim Ausbringen auf die Weide, sondern auch beim Antreiben der Zugtiere auf der Straße häufig „gebumbt" (geschlagen, aber auch laut gerufen) werden musste. Vielleicht unterschieden sich die Altlußheimer darin einst markant von ihren Nachbarn, so dass sie auf diese Art zu ihrem ersten Uznamen kamen.

Wegen der überwiegend evangelischen Bewohner des Ortes wurden die Altlußheimer auch von den meist katholischen Rheinhausener Nachbarn als „Altlossemer Lutherkepf" geneckt. Diese waren wegen der ehemaligen Herrschaft des Fürstbistums Speyer über den Ort katholisch geblieben. Die Altlußheimer waren aber um einen Gegenspott nicht verlegen und nannten ihrerseits die Rheinhausener „Kreizkepf".

Aber auch untereinander soll früher nicht unbedingt zimperlich miteinander umgegangen worden sein, wie ein Zeitzeuge berichtete: „Mit Holzknibbel un Buunestange isch ma ufenanner losgange, drauß an dä Waagbach, an dä Grenz zum Bruurää(n)." Ärger und Streit soll es besonders mit den Neulußheimern gegeben haben. In den Neulußheimer Wirtschaften hieß es: „Dohin danzd kaan Aldlossemer määh ...", und umgekehrt in den Tanzsälen der Altlußheimer wurde gewarnt: „Ken Schwanz Neilossemer soll sich sehe losse ...!"

Die Altlußheimer uzten sich in vergangenen Zeiten gegenseitig mit den Neulußheimern auch als „Saiduddl" oder auch „Saududdl", wobei der Uzname heute allein den Neulußheimern noch anhängt.

Angelbachtal – Eichtersheim
„Staatsbettellait" / „Fassbinner"

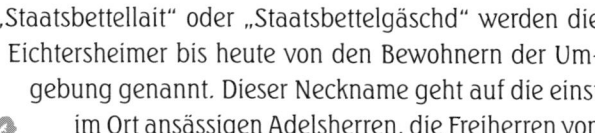

„Staatsbettellait" oder „Staatsbettelgäschd" werden die Eichtersheimer bis heute von den Bewohnern der Umgebung genannt. Dieser Neckname geht auf die einst im Ort ansässigen Adelsherren, die Freiherren von Venningen, zurück. Die Bauern des Ortes sollen des öfteren bei den Schlossherren, die auch Hofämter in Heidelberg bekleideten, gebettelt haben und sind nach mündlicher Überlieferung so zu ihrem heute noch bekannten Uznamen gekommen.

Die Bewohner des Ortes im Angelbachtal waren früher auch als „Bohlen", „Fassbinner" und „Glowen" bekannt.

„Bohlen" (wahrscheinlich abgeleitet von Polen, wegen der angeblich rauen Art der Osteuropäer) nannte man rohe und ungehobelte Menschen. Die Tätigkeit eines „Fassbinners" war ebenfalls nicht die eines zartbesaiteten Menschen. Der Begriff „Glowen" bezeichnet in der Sprache der Umgebung noch heute einen raffinierten Menschen, der bösartig ist und stets seinen Vorteil sucht.

Auch als „Schäbslen" waren die Eichtersheimer einst bekannt. Dieser Uzname, der ebenso wie die vorgenannten Namen längst in Vergessenheit geraten ist, ist heute leider nicht mehr zu erklären. Den Eichtersheimern sagt man weiter bis heute „heckerische" Eigenschaften nach: Sie seien aufrührerisch und kämen Friedrich Hecker nach, einem der Köpfe der Badischen Revolution von 1848/49, dessen Geburtshaus in Eichtersheim steht.

Angelbachtal – Michelfeld
„Korzbickel" / „Herschbuwe"

Die Michelfelder nennt man bis heute die „Korzbickel". Der Uzname nimmt Bezug auf die hügelige Landschaft des Kraichgaus, die dem Volksmund nach in Michelfeld noch hügeliger als in der Umgebung sein soll. Die Hügel seien hier noch „kürzer" als anderswo, so dass die Michelfelder zu „Korzbickeln" wurden.

Die Michelfelder wurden durch ihren Krautanbau, den sie wie mancher Ort in der Nachbarschaft vormals intensiv betrieben, auch zu „Krautrutsche". Das Kraut zu „rutschen" nannte man den Vorgang bei der Verarbeitung, das Kraut auf einem Waschbrett ähnlichen Schneidebrett zu raspeln. Dieser Uzname ist ebenso wie der vorgenannte heute noch im Ort und der Umgebung für die Michelfelder bekannt.

Auch „Herschbuwe" wurden die Michelfelder genannt, weil sie sich früher als andere Orte in der Umgebung von der reinen Landwirtschaft weg auf die Feierabendbewirtschaftung der Felder umgestellt hatten und sich so als zweifache Arbeiter einen schnelleren Gang angewöhnen mussten. Sie liefen angeblich so schnell wie Hirsche und verhalfen ihrem Ort so zu seinem heute kaum noch bekannten Uznamen „Herschbuwe".

Ebenfalls der Landwirtschaft verdankten die Michelfelder ihren heute fast vergessenen Uznamen „Mischdsurrer", „Mischdzudde" oder „Mischdsurrersäckel".

Den Uznamen „Hicke-Hacke" haben die Michelfelder wahrscheinlich dem bekannten Wandervers auf „Wicke-Wacke" zu verdanken, der eventuell auch auf sie angewandt wurde und dessen Wortbestandteil „Wicke-Wacke" in leicht abgewandelter Form später als Neckname dem Ort erhalten blieb.

Auch als „gute Lait" waren die Michelfelder einst in der Umgebung bekannt. Dies rührt von nachfolgend aufgeführtem Neckspruch her, der damals in Nachbarorten verbreitet war:

„Eschelbacher Howe,
Eichdersche Glowe,
Michelfelder Gute Leit,
Angellocher Lumbezeigs".

Die Michelfelder wurden ebenso, fast im Gegensatz zum vorstehenden Uznamen, wegen ihrer angeblich rohen Art „Bohlen" (Herkunft siehe oben) genannt, was heute im Ort unbekannt ist. An die längst vergangene Handwerkstradition der Zigarrenmacher im Ort erinnerte der Uzname „Havanna". Der Uzname, der sich in alten Quellen findet, soll angeblich für schlechte Zigarren aus Michelfelder Produktion entstanden sein, ist aber heute in Vergessenheit geraten und nicht einmal mehr den alten Michelfeldern bekannt.

Bammental   „Kuhdreckmohler" / „Kröpf"

Als „Kuhdreckmohler" waren die Bammentaler seit alters her in der Umgebung bekannt. Dieser Uzname muss in Zeiten entstanden sein, als Kühe noch zu Transportzwecken eingesetzt wurden. Da diese unterwegs öfters ihr Geschäft verrichteten, hatten die Kinder des Ortes oft reichlich Gelegenheit und genug Material, um sich auf der Strasse künstlerisch zu betätigen. Dies hat den Bammentalern ihren Uznamen „Kuhdreckmohler" eingebracht, den sie bis heute tragen.

Jodmangel war der Grund für den Übernamen der Bewohner von Reilsheim, die heute zusammen mit den Bewohnern von Bammental eine Ortschaft bilden. Sie sind noch heute als die „Reilser Kröpf", „Reilser Kröpfer" oder einfach nur als „Kröpf" bekannt. Die mit diesem Uznamen beschriebene Krankheit kam früher aufgrund der jodarmen Ernährung der Einwohner recht häufig in unseren Breiten vor und verhalf einigen Orten in unserer Umgebung zu ihren Necknamen.

Der Volksmund berichtet, dass in Reilsheim einst junge Burschen, die einen Kropf hatten, von der Teilnahmepflicht an den ehemaligen herrschaftlichen Treibjagden befreit wurden. Manchen geschickten Simulanten soll es aber sogar gelungen sein, sich auch ohne Kropf um die Arbeit zu drücken.

Heute fast unbekannt ist der Uzname „Grielin" für Reilsheim. Er bedeutet „junge Gänse" und lässt auf eine intensiv betriebene Federviehhaltung im Reilsheim der vergangenen Tage schließen.

Brühl   „Kollerkrodde"

Der Brühler Uzname „Kollerkrodde" geht auf die Jugend des Ortes zurück. Von der „Schachtel" aus, einer Bucht am Altrhein, und von der Kollerinsel, die bei Beginn der Rheinregulierung Anfang des 19. Jahrhunderts durch Oberst Tulla entstanden ist, wagten die „Krodde" (Kröten, auch als Kosename für kleine Mädchen gebraucht) ihre ersten Sprünge ins erfrischende Nass. Der Neckname ist heute für alle Brühler, jung und alt gleichermaßen, gebräuchlich.

Brühl – Rohrhof „Göggel"

Die Rohrhofer waren einst als „Göggel" in den Nachbarorten bekannt. Der Uzname leitet sich von der einstmals
intensiv auf dem Rohrhof betriebenen Hühnerzucht her.
Es gab hier mehrere Hühnerzuchtbetriebe, die dem Ort
mit den Jahren zu seinem Uznamen verholfen haben. Dieser
hat sich bis heute, nicht nur im Namen des örtlichen Karne-
valsvereins, erhalten und stand auch Pate für den moder-
nen Gockelbrunnen, der seit einigen Jahren die Ortsmitte
ziert.

Dielheim „Hoben"

Die Dielheimer wurden angeblich wegen ihrer krummen Nasen
„Hoben" genannt. Vielleicht war aber auch das bei der Arbeit in
den Weinbergen häufig gebrauchte gekrümmt-gebogene
Rebmesser Grund für die Verleihung des Necknamens.

Andere im Ort meinen, konkreter Anlass für die Verleihung des
Necknamens soll ein Dielheimer Bürger gewesen sein, der
einmal bei der Arbeit im Weinberg von einem Gewitter über-
rascht worden sei:

Am Abend in den Ort zurückgekehrt, soll er atemlos erzählt haben: „No hewwe de Wengert in'd Dasch g'schdeggt un benn'd Hoob nuff
gesprunge". Diese Verwechslung in Aufregung soll den Dielheimern ihren heute noch gebräuchlichen Uznamen eingebracht haben.

Auch für ihre angebliche Streitsucht waren die Dielheimer früher bekannt, und wenn man über
sie sprach, sagte man häufig: „Zehn Leut – elf Häuflin."

Folgender Neckspruch ist zum heute unbekannten ehemaligen Dielheimer Uznamen „Rüben-
fresser" überliefert:

> „Zu Diele, zu Diele,
> Isch en alter Mann,
> Frisst Riewe, frisst Riewe,
> Bis er nimmer kann".

Vor Zeiten waren die Dielheimer auch als „Fresch" bekannt. Wahrscheinlich verhalfen die einstmals in diesem Ort besonders zahlreich vorhandenen Tiere mit ihrem Geschrei der Ortschaft zu ihrem weiteren, heute vergessenen Uznamen.

———•◆•———

Dielheim – Balzfeld   „Geelariewe" / „Krautköpf"

Aufgrund ihrer landwirtschaftlichen Leistungen wurden die Balzfelder mit den Jahren mit den Namen von gleich zwei der von ihnen besonders erfolgreich angebauten Gemüse als Uzname bedacht: Sie waren die „Geelariewe" und die „Krautköpf", da angeblich die schönsten Karotten auf den Feldern des Ortes wuchsen und auch der Anbau von (Weiß-)Kraut neben Tabak und Hopfen weit verbreitet war. Hierbei ist anzumerken, dass der Uzname „Krautköpf" der weitaus ältere der beiden Uznamen ist und die „Geelariewe", die heute als Uzname des Ortes dominieren, erst in vergleichsweise jüngerer Zeit aufkamen.

Als „Kreuzköpf" oder „Kreizköpp" wurden die zumeist katholischen Balzfelder früher ebenfalls von manchen Gemeinden mit überwiegend protestantischen Bewohnern, meistens von Tairnbach aus, tituliert. Man sagt, dies sei wegen der zahlreichen Kruzifixe geschehen, welche die Balzfelder ehedem besessen haben sollen.

Weil sie einst angeblich das ganze Jahr hindurch das Kyrieeleison gesungen haben, werden die Balzfelder bis heute von ihren Nachbarn zusätzlich auch noch „Kyriee" oder „Kyrieeleison" genannt, ein Uzname, den sie früher mit den Horrenbergern gemeinsam trugen.

———•◆•———

Dielheim – Horrenberg   „Sauerkrautler"

Wie auch ihre Nachbarn aus Balzfeld wurden die Horrenberger wegen des weit verbreiteten Anbaus von Weißkohl zur Sauerkrautherstellung zu „Horrenberger Sauerkrautler" oder einfach nur zu „Sauerkraut".

Weil die Horrenberger, wie auch die Balzfelder, angeblich früher das Kyrieeleison das ganze Jahr hindurch gesungen haben sollen, wurden sie von ihren Nachbarn zusätzlich auch „Kyriee" oder „Kyrieeleison" genannt. Dieser Uzname hat sich aber in Horrenberg heute ganz verloren, lediglich bei den Balzfelder Nachbarn ist er noch bekannt. Wegen ihrer Lage nennen die Zuzenhausener die Horrenberger zudem die „Bruhrainer". Dieser Uzname ist heute allerdings ebenfalls nicht mehr allzu geläufig.

—••◆••—

Dielheim – Ober- und Unterhof   „Hofjockel"

Die Oberhofer und Unterhofer neckten sich gegenseitig in alten Zeiten mit dem Uznamen „Hofjockel". Auch in den Orten der Umgebung ist dieser einzig überlieferte und bis in die heutige Zeit bekannte und gebrauchte Uzname für beide Siedlungen bekannt.

—••◆◆◆••—

Dossenheim   „Staakäizln"

Die Dossenheimer werden bis auf den heutigen Tag, ähnlich den Nieder-Hilbersheimer „Keeze" aus Rheinhessen, „Staakäizln" genannt. Dieser Uzname setzte sich aus dem Worten „Staa" für Stein und „Käiz" für Korb, auch Rückentrage, zusammen. Solche Körbe wurden früher als Transportmittel in den steilen und steinigen Weinbergen und ebenfalls in den Porphyrsteinbrüchen der Umgebung benutzt, als es noch keine Förderbänder gab.

Auch als „Steinbrecher" sollen sie in jenen Tagen in der Umgebung wegen ihrer Tätigkeit in den Steinbrüchen bekannt gewesen sein, was allerdings heute keinem mehr bekannt ist.

Der Uzname „Eisbären" für die Dossenheimer ist heute ebenfalls nicht mehr allzu bekannt. Angeblich war ihnen die gleiche Verwechslung wie den Handschuhsheimern unterlaufen und sie wollten, vom Lärm des Nebelhorns eines der ersten Lastkähne aufgeschreckt, vergeblich einen Eisbären erlegen.

Mit dem Spruch: „Båune wie die Beutel" wurden die Dossenheimer „Båunehengschte" (Bohnen-hengste) früher auch von ihren Nachbarn geuzt. Dies bezieht sich wahrscheinlich auf den Dialekt und die damit verbundene besondere Aussprache mancher Worte im Ort.

So hörte man seinerzeit häufig von Dossenheimer Gemüsehändlern folgenden Ausspruch, mit dem sie ihre Ware lobten und der bis heute bekannt geblieben ist:

> „Båune wie die Bändel,
> Breche wie Glas!"

Vom Kauf eines Pferdes im Ort aber hätte man früher besser Abstand nehmen sollen, wie noch heute in den umliegenden Orten gemunkelt wird. Hätten doch die Dossenheimer „Gail" ihr tägliches Brot in den Steinbrüchen verdient und würden ihr Geld nicht mehr wert sein.

Die Dossenheimer wurden vor Zeiten auch „Hammelswampen" gerufen und man durfte auf der Kerwe in Dossenheim in keinem Wirtshaus Hammelswampen verlangen, sonst bekam man Prügel. Der Grund für diese Eigenart ist leider nicht mehr überliefert.

„Der dumme Dossemer Dabbes (Dummkopf, Dummerle) dabbt durchs dumme Dossemer Dorf", sagte man früher des Reimes wegen und brachte den Dossenheimern damit zusätzlich den Uznamen „Dabbes" ein, den sie mit den Neuenheimern gemeinsam trugen.

Wegen der einstens überwiegend betriebenen Landwirtschaft wurden auch die Dossenheimer zu „Puhlzabbe", ein Uzname, der sich auf das Jauchefahren bezieht und den die Dossenheimer einst mit den Seckenheimern und Wieblingern gemeinsam hatten. Heute hat sich dieser Uzname im Ort allerdings verloren.

Dossenheim – Schwabenheim

Schwabenheim ist neben Heddesbach, Heiligkreuzsteinach und Helmhof einer der wenigen Orte im Rhein-Neckar-Kreis, der nach heutigem Kenntnisstand keinen Ortsnecknamen trägt, obwohl der älteste Hof in Schwabenheim schon viele Jahrhunderte existiert. Wahrscheinlich infolge der Aufteilung des ersten Hofes in viele kleine Höfe durch Erbfolge und Verkauf kam nie ein Zusammengehörigkeitsgefühl für die Höfe auf, so dass sich auch kein gemeinsamer Neckname bilden konnte. Lediglich „Schwowe" (Schwaben), was natürlich für einen echten Badener schon Neckname genug ist, als Ableitung auf den Ortsnamen ist in der Umgebung als Neckname für den Ort bekannt.

Eberbach   „Gugguge"

Die Eberbacher wurden im Laufe der Zeit von ihren Nachbarn gleich mit mehreren Uznamen versehen. Sie waren die „Ewwerbacher Gugguge", die „Ewwerbacher Schälklepperlin", die „Pistolen", die „Säckbrenner" und die „Säustecher". Zum ersten, weitaus bekanntesten und heute einzig noch lebendigen Uznamen „Gugguge" kamen sie, weil im Jahre 1604 dem Eberbacher Bürger Küfer Martin am Endt im Wirtshaus des Leonhard Schäfer in Neckarwimmersbach statt einer gebratenen Taube ein Kuckuck serviert worden war. Im Gasthaus waren an jenem Tag unter anderem der Eberbacher Medicus Mantel und ein Bürger aus Hirschhorn namens Strieder zugegen. Nachdem der gebratene Vogel serviert und von Martin am Endt verspeist worden war, fing Medicus Mantel an zu spotten und neckte den Eberbacher mit dem Ruf: „Kuckuck, Kuckuck". Er hatte dem Wirt einen bereits gerupften Vogel gebracht und ihn als Taube ausgegeben, behauptete nun aber, es sei ein Kuckuck gewesen. Der Wirt klagte vor Gericht gegen die Nachrede, er habe dem Gast einen Kuckuck statt einer Taube angedreht. Der falsche Braten hatte ein gerichtliches Nachspiel, bei dem nie geklärt werden konnte, was der Eberbacher nun tatsächlich verzehrt hatte. Die Eberbacher aber hatten damit ihren ersten Necknamen weg. An diesen Uznamen erinnert auch heute noch der im Jahre 1929 gegründete und alljährlich gegen Ende August, Anfang September abgehaltene „Kuckucksmarkt".

Andere Quellen sagen, die Eberbacher hießen nach dem Vogel, weil sie dereinst ihre Kirchweih für einen Kuckuck und eine Kochet Rüben verkauft, nach einer weiteren, weil sie ihrem Bürgermeister einen Kuckuck als gebratene Taube vorgesetzt hätten.

Zu „Säckbrennern" wurden die Eberbacher durch eine früher weit verbreitete Beschäftigung. Man zeichnete Säcke, das heißt, diese wurden mittels Farbe mit Zahlen, Buchstaben und Zeichen durch ihren Besitzer gekennzeichnet. Einem Eberbacher soll diese Art der Markierung nicht dauerhaft genug gewesen sein, und so soll er all seine Säcke übereinander gelegt, mit einem Brenneisen gezeichnet und so seiner ganzen Ortschaft zu ihrem Uznamen verholfen haben. Eine andere Erklärung verbindet dieses Ereignis mit einem bekannten Schildbürgerstreich: Als die Eberbacher beim Neubau einer Kapelle die Fenster vergessen hatten, wollten sie das Sonnenlicht in Säcken in die Kapelle schaffen; um später ihre Säcke wieder auseinander zu kennen, brannten sie angeblich ihre Namen hinein.

Nach einer dritten Variante spielt sich der Vorgang zwischen zwei Eberbachern ab, zwischen Jakob und Hiob. Diese beiden Namen waren noch um die vorvergangene Jahrhundertwende in Eberbach weit verbreitet. Hiob gibt Jakob den Rat, die Zeichnung mit dem Brenneisen vorzunehmen, worauf dieser nach geschehener Handlung in den Ruf ausbricht, der zur stehenden Redensart wurde: „Häjoh, Hiob, e Dunnerwetter, sie sin jo durch un durch gezechelt!"

Der Uzname „Sackbrenner" war bis Anfang des letzten Jahrhunderts noch repräsentativ für den Ort Eberbach. Heute ist er vom ursprünglichen Neckarwimmersbacher Necknamen „Kuckuck" verdrängt worden und in Vergessenheit geraten.

Weil die Eberbacher bei gelegentlichen Streitereien und Prügeleien ihren Knüppel aus Eichenschälholz schnell in der Hand hatten und diesen anscheinend auch besonders gut führen konnten, wurden sie schließlich zudem auch noch zu „Schälklepperlin" („kloppe" bedeutet klopfen, schlagen), was heute allerdings den meisten nicht mehr bekannt sein dürfte.

„Eberbacher Pistolen" nannte man die Eberbacher zudem, weil sie angeblich jederzeit leicht losgehen konnten.

Zu „Säustechern", einem heute ebenfalls vergessenen Necknamen, sollen sie aufgrund folgender Begebenheit geworden sein:

Einst soll ein Eberbacher auswärts gute Wurst gegessen und dies zu Hause gerühmt haben. Da sandten die Eberbacher einen Metzger aus, das Wurstmachen an jenem Ort zu lernen. Der Metzger blieb dort im Wirtshaus über Nacht. Frühmorgens hört er im Hof Geschrei und sieht, wie dort ein Eber verschnitten wird. Jetzt wusste er es: Hier werden die Säue hinten gestochen, deshalb ist die Wurst so gut!

Eberbach – Badisch Schöllenbach   „Luthrische"

Der Grund für die Entstehung des Schöllenbacher Necknamens liegt in der Zeit des 17. Jahrhunderts. Damals entschloss sich der Grundherr der damals noch katholischen Orte Schöllenbach und Hesselbach, ein Schenk zu Erbach-Erbach, den protestantischen Schwedenkönig Gustav Adolf im Krieg zu unterstützen. Da in damaligen Zeiten das Volk den Glauben seines Landesherrn praktizieren musste, konvertierten die Besitztümer der Herren von Erbach-Erbach zum protestantischen Glauben. Hesselbach, ein Nachbarort von Badisch Schöllenbach, liegt noch heute relativ abgeschieden von den anderen Orten, früher war es, mangels moderner Transportmittel und -wege, noch schlechter zu erreichen. Deshalb übertrug der Schenk von Erbach-Erbach die Verwaltung und kirchliche Betreuung des Ortes Hesselbach dem Kloster Amorbach. Während alle anderen Orte des Besitztums evangelisch wurden, verblieb einzig Hesselbach beim katholischen Glauben. So kam es, dass die Bewohner von Schöllenbach bald die Hesselbacher als „Kreizköpp" neckten, während sich diese bei den Schöllenbachern mit „Luthrische" revanchierten. Diese Neckereien sind heute aber nur noch den ältesten Bewohnern von Badisch Schöllenbach bekannt.

Eberbach – Friedrichsdorf   „Neudorf"

Den Ort Friedrichsdorf nennt man schon sehr lange „Neudorf", seine Bewohner sind die „Neu-dörfer". Der Ort wurde im Dreißigjährigen Krieg zerstört und war verödet. Nach dem Ende der Kriegswirren erbaute Friedrich von Hirschhorn die Siedlung neu und belebte sie mit Schweizer Auswanderern. Diese „Neu-Belebung" soll dem Ort seinen heute noch bekannten, erklärenden Namen „Neudorf" eingebracht haben, den er zudem vor seiner Umbenennung in Friedrichsdorf, aus Dank für den Wiedererbauer, als Ortsname trug.

Eberbach – Lindach   „Ketteweicher"

Die Lindacher sind als „Ketteweicher" bekannt. Dieser Neckname wird in zwei Varianten erklärt:
Er soll erstens mit der Schlepperkette zusammenhän-gen, die zwischen Mannheim und Heilbronn im Neckarbett lag. Sie lief über die Dampfschiffe hinweg, die sich an ihr flussaufwärts zogen. Die Lindacher sollen mündlicher Überlieferung zu-folge einst vergeblich versucht haben, einen gefundenen Teil dieser Kette aufzuweichen, was ihnen angeblich ihren Necknamen eingebracht haben soll. Am 27. Juli 1927 wurde die Kette aus dem Flussbett gezogen – der neugebaute Neckarkanal hatte sie überflüssig gemacht.
Ältere Einwohner des Ortes behaupten, der Neckname habe hingegen mit den angeblich einstmals zu weichen Ketten zu tun, an denen die Lastpferde die Kähne zogen und die wegen ihrer zu weichen Konsistenz des öfteren gerissen wären. Trotz der ungeklärten Entstehung des Neck-namens tragen die Lindacher ihren Uznamen noch heute.

Eberbach – Neckarwimmersbach   „Ratze"

Mit dem heute nur noch für Eberbach bekannten Uznamen „Kuckuck" wurden die Neckar-wimmersbacher, in deren Ort ja auch der Vorfall geschah, viele Jahrzehnte geneckt. Erst im vergangenen Jahrhundert wurde der Uzname mehr und mehr auf Eberbach transferiert, für das er heute alleine steht. Während in Eberbach durch diese Verschiebung der dort alteingesessene Uzname „Sackbrenner" völlig verloren ging, hat sich in Neckarwimmersbach quasi als „Ersatz-Uzname" der Neckname „Ratze" eingebürgert. Als „Wimmersbacher Ratze" sind die Einwohner von Neckarwimmersbach seitdem in der Umgebung bekannt. Dies leitet sich vom bekannten und in den Orten der Umgebung in abgewandelter Form weit verbreiteten Neckspruch:

> „Wimmersbacher Ratze
> Reite uff de Katze,
> Reite bis ans Neckardoor,
> Wimmersbacher Lumbechor!"

ab, dessen Reimwort „Ratze" sich auf den Ort übertragen hat und bis heute als Uzname für Neckarwimmerbach bekannt geblieben ist.

Eberbach – Pleutersbach   „Baach-Schnergl"

„Baach-Schnergl" nannte man früher die Pleutersbacher. Noch heute trägt ein älterer Bewohner des Ortes diesen zu jener Zeit für das ganze Dorf gültigen Uznamen. Die genaue Herkunft des Namens ist nicht geklärt. Da „Schnergl" wohl für das hochdeutsche Wort „Schnörkel" steht und der Uzname heute nur noch in Allemühl bekannt ist, könnte man auf folgende Lösung schließen: „die Baach", wie das Bächlein nicht nur in Pleutersbach genannt wird, hat schon in Allemühl viele „Kringl" oder „Schnergl". So mag es sein, dass die vielen Biegungen des Baches die Pleutersbacher zu ihrem heute untergegangenen Necknamen gebracht haben.
Die Pleutersbacher wurden vormals zusammen mit anderen Nachbarn auch mit folgendem Neckspruch geuzt:

> „Leidersbach (Pleutersbach) isch e Dreckloch,
> In Moosbrunn sind die Leut so dumm,
> Zu Scheenbrunn (Schönbrunn) geht der Hochmut rum,
> Zu Neikersch (Neunkirchen) isch alles iwwerzwersch,
> In Schwarzisch (Schwarzach) isch alles harzisch,
> Un in Hause (Aglasterhausen) isch gut mause (stehlen)."

Eberbach – Rockenau „Krautwäscher" / „Kröpfert"

Die Rockenauer waren in längst vergangenen Zeiten, als in Rockenau noch viel Kraut angebaut wurde, als „Krautwäscher" bekannt. Dieses wurde nach der Ernte im nahen Neckar abgewaschen, der lange Zeit die Wasserquelle des Ortes darstellte. So wurden die Rockenauer durch diesen lange zurückliegenden Brauch zu „Krautwäschern".

Auch als „Kröpfert" waren die Rockenauer bekannt. Mit dem Uznamen wurde die in früherer Zeit wegen des Jodmangels in unseren Breiten häufig aufkommende Fehlfunktion der Schilddrüse bezeichnet. Diese nannte man im Volksmund „Kropf", die korrekte medizinische Bezeichnung für diesen heute fast untergegangenen Uznamen lautet „hypofunktioneller Knoten".

Edingen – Neckarhausen „Fräck" / „Kälwlin"

Die Edinger haben ihre beiden heute noch bekannten Uznamen der einstmals erfolgreich betriebenen Viehzucht zu verdanken. Sie waren die „Fräck" oder die „Kälwlin". Bezog sich der erste, heute untergegangene Neckname auf die elegante Kleidung, die sich die erfolgreichen Edinger Tierhalter im Gegensatz zu den ärmeren Bauern der Umgebung einst oft leisten konnten, bezeichnete der zweite die Früchte der Zucht, die jungen Kühe. Bedeutet doch „Kälwlin" in der örtlichen Mundart nichts anderes als Kälbchen.

Auf dem Weg zum Kälbermarkt nach Mannheim musste man die Kälber auch durch Seckenheim führen. Dort hieß es dann regelmäßig: „Die Edinger Kälble komme", was den Edingern so mit der Zeit ihren bis heute bekannten Uznamen eingebracht hat. Andere Gewährsleute berichten von einem Missgeschick, das die Edinger der Überlieferung nach erst zu ihrem Necknamen hat kommen lassen: So soll ein Kalb beim Transport über den Neckar aus Angst in denselben gestürzt sein. Der mehrfache, wort- und tatenreiche Versuch, das Tier zu retten, habe wohl den Edinger Bürgern letztlich zum heute noch bekannten Uznamen verholfen.

Doch nicht nur durch erfolgreiche Viehzucht reich gewordene Bauern siedelten im „Musebrodverdel" des Ortes. Weniger finanzstarke Familien wohnten im „Kongo", wie der Neckarhausen zugewandte Teil von Edingen noch heute im Volksmund heißt. Sogar einen (inoffiziellen) „Kongo-Bürgermeister" hatte man in besagtem Edinger Ortsteil. Heute ist ein Großteil des „Kongos" abgerissen und auch die Zusammensetzung der Bevölkerungsschichten hat sich in den Edinger Ortsteilen geändert.

Edingen – Neckarhausen
„Kummetstolle" / „Gweddschekuche"

„Kummetstolle" nennt man die Neckarhausener bis auf den heutigen Tag. Der Neckname leitet sich von der aufkommenden Schifffahrt auf dem Neckar her und bezeichnet die Halterungen („Stolle") an der Halsmanschette („Kummet", aus dem Slawischen, sonst mehr in ostdeutschen Mundarten bekannt) der Pferde, welche die Schiffe einstmals durch oder aus dem Neckar zogen. Noch heute nennt sich der örtliche Karnevalsverein nach diesem Necknamen und erhält ihn so in der Erinnerung der Bewohner.

Die Neckarhausener waren früher auch als „Gweddschekuche" oder „Dallekuche" bei ihren Nachbarn bekannt. Zwetschgenbäume standen einst reihenweise auf der Gemarkung des Ortes und in den Hausgärten. Bis heute ist der saftige Kuchen ein leckerer Sommergenuss und Pate des weiteren Neckarhausener Übernamens.

Ein „Dallekuche" bezeichnet ebenfalls einen Zwetschgenkuchen. Allerdings sind von einem „Dallekuche" die saftigen Zwetschgen als Kuchenbelag bereits in Schleckermäulern verschwunden und der Kuchenboden ist mit „Dallen" (Unebenheiten im Kuchenboden) übersät übrig geblieben.

Auch als „Wasserschnegge" wurden die Neckarhausener ehedem geneckt. Dieser Uzname bezieht sich wahrscheinlich auf die Lage des Ortes am Wasser und vielleicht zudem auf eine eventuell einstmals etwas behäbigere Art der Einwohner des Ortes im Vergleich zu den Nachbarorten. Er ist heute allerdings völlig untergegangen.

„Negerhausen" und in Abwandlung hiervon gar „Negerdorf" nannten die Einwohner von Edingen den früher ungeliebten Nachbarort zudem. Aber nicht, weil es dort farbige Mitbürger gab, sondern um die Neckarhausener mit einer Ableitung auf den Ortsnamen zu necken. Dieser Uzname ist heute allerdings nicht mehr allzu gebräuchlich und war außerdem einst für einige Dörfer entlang des Neckars bekannt und gebraucht.

Von den Neckarhausenern ist auch noch folgender Neckspruch überliefert:

> „Neckarhauser Dicke-Dacke
> Fresse die Eier ugebacke,
> Esse se mit de Schale,
> Könne se net bezahle."

Aufgrund dieses heute fast vergessenen Neckreims hießen die Neckarhausener einstmals auch „Dicke-Dacke", was sich aber nicht bis in die heutige Zeit erhalten hat.

Epfenbach   „Kiehstumpe"

Schon in früherer Zeit war der Epfenbacher Wald mit Kiefern- oder Forlenbeständen durchsetzt. Alle Bauern gingen im Winter „ins Holzmachen", um so wenigstens die Gemeindeumlage zu verdienen. Bargeld war in Epfenbach, „einer armer Bauer Dorf", wie es in einer alten Quelle bezeichnet wird, immer das Wenigste.

Hatte man während des Holzmachens einen harzigen, kienhaltigen Wurzelstock (Kienstumpen) aufgefunden, wurde dieser ausgegraben. Das Wort „Kien" ist eine alte Bezeichnung für die Kiefer, besonders harzhaltiges Holz nennt man daher „Kienholz".

Zuhause wurde er auf eine bestimmte Länge gesägt und zu Spänen gespalten, die dann auf Kienspanhalter aufgesteckt und als Lichtquellen in den Stuben verwendet wurden.

Manche sagen, die Epfenbacher tragen ihren Necknamen deshalb, weil sie, anders als ihre Nachbarn, einstmals im Wald Kahlhieb vornahmen, den Baumstumpf hoben, ihn als Kienholz verwendeten und so häufig Kienspäne zur Beleuchtung in ihren Wohnungen benutzten.

Tatsächlich befindet sich das meiste Harz im Wurzelstumpf, dem „Stumbe". Besonders viel gerodet wurde in Epfenbach um 1850 während einer Welle von Auswanderungen nach Amerika. Die Gemeinde zahlte den Auswanderern die Passage in die Neue Welt und rodete größere Bereiche des Dorfwalds, um das Geld aufzubringen. Hiervon zeugt noch heute der Flurname Neurott. Vielleicht kam im Zuge dieser Rodungen der Uzname „Kiehstumpe" für die Epfenbacher besonders in Mode. So wurden sie mit der Zeit nicht nur von den Waldwimmersbachern als „Kienstumpe", „Kühstumpe" oder „Kienholzstumpe" geuzt. Die um die vorvergangene Jahrhundertwende schriftlich geäußerte Vermutung, der Uzname hänge mit der schlechten Rasse der Epfenbacher Kühe zusammen, ist historisch nicht zu belegen und entbehrt aus heutiger Sicht jeder Grundlage.

Auch als „Holzschuh" wurden die Epfenbacher, die dieses Handwerk in jenen Tagen häufig betrieben, einstmals geuzt. Dieser Uzname ist heute noch älteren Bewohnern des Ortes bekannt. Im Ort gab es mehrere Holzschuhmacher. Die gemütliche, durch die Holzschuhe verursachte Gangart der Einwohner hat sich in folgendem Neckspruch bis heute erhalten:

> „Ich bin von Epfenbach,
> Drum geht mei Sach so gmach."

Mit Holz, wie alle vorhergehend genannten Uznamen auch, hat der folgende, weniger feine Neckname zu tun, mit dem vorwiegend die Mönchzeller die Epfenbacher neckten: „Saichbriggl" nannte man sie, was heute fast nicht mehr bekannt ist.

Wie auch die Helmstädter wurden die Epfenbacher früher, wegen der intensiv betriebenen Viehwirtschaft, zudem noch „Mistsurrer" genannt, gemeint waren die Fliegen, die den Misthaufen umkreisten.

Mit den Bewohnern mancher Hofgüter gemeinsam haben die Epfenbacher auch den Uznamen „Hofjockel". Beide letztgenannte Uznamen sind allerdings heute untergegangen und im Ort und der Umgebung nicht mehr bekannt.

Auch „Lumbebube" ist als heute fast untergegangener Neckname für Epfenbach zu erwähnen, der nur noch den älteren Einwohnern im Gedächtnis haften geblieben ist.

Eppelheim   „Stallhasen"

Die Eppelheimer waren einst ein Dorf der Maurer, viele der Männer im Ort gingen diesem Handwerk nach. Daheim hielten die meisten von ihnen Stallhasen und Geißen, die Kühe des kleinen Mannes. Weil wahrscheinlich hinter fast jedem Haus im Ort ein Stall stand, wurden alle Bewohner des Ortes mit der Zeit so zu „Stallhasen" oder „Lâpi" (vgl. frz. Lapin), was dem Ort als Uzname bis heute erhalten geblieben ist. So reimte man früher: „Zwische Ebbla Höh' un Negga-Rase, hopse die Ebbla Schdallhase."

In späteren Jahren hat vielleicht die etwas mondäne Art der Bewohner von Eppelheim die Nachbarn dazu gebracht, dem Ort zusätzlich den Uznamen „Klein-Paris" zu verleihen, was heute allerdings nicht mehr allzu bekannt ist.

Eschelbronn   „Stegstrecker" / „Ratzen"

Die Eschelbronner wurden einst als „Stegstrecker" verspottet. Der Uzname soll entstanden sein, als die Bewohner des Ortes, der Überlieferung nach im Jahr 1703, einen Steg über den Schwarzbach für einen Fußweg nach dem nördlich gelegenen Nachbardorf Mönchzell gelegt haben. Da sich der Steg als zu kurz erwies, sollen sie das Holz ins Wasser zum Einweichen gelegt und durch Ziehen mit Seilen an beiden Seiten versucht haben, den Steg zu strecken. Ochsen, andere Quellen berichten von Pferden, sollen an jede Seite des Stegs gespannt worden sein und lange und vergeblich kräftig daran gezogen haben.

In Wirklichkeit war der Steg aber wahrscheinlich bei der Montage ins Wasser gefallen und sollte von Ochsen heraus gezogen werden, als gerade ein Bewohner eines Nachbarortes des Weges kam und das Treiben beobachtete. Dieser muss dann von besagtem Unfall bei der Montage auf seine Weise berichtet haben, so dass die Eschelbronner zu „Stegstreckern" wurden.

Auch als „Ratzen" wurden sie von anderen Nachbarn mit folgendem überlieferten Reim geneckt:

> „Die Eschelbrünner Ratze
> Reide uff de Katze,
> Reide uff'm Dischtelfink,
> Kriege all die siedisch Kränk!"

Wegen ihrer handwerklichen Nebenerwerbstätigkeiten wurden die Eschelbronner früher auch als „Spengler" bezeichnet, wie man alle mit der Blechnerei zusammenhängenden Arbeiten nennt. Die Eschelbronner, deren Dorf schon seit langem als das Dorf der Schreiner galt, neckten die Neidensteiner früher auch mit folgendem derben Spruch:

> „Neidestei liegt am Rhei,
> Hewwe all verschissne Bei!"

Alle vorgenannten Uznamen für Eschelbronn sind heute allerdings untergegangen. Einzig die „Stegstrecker" sind noch in der Erinnerung der Bewohner des Umlands gegenwärtig.

Gaiberg   „Wellebriggl"

Die Gaiberger werden schon seit langer Zeit „Wellebriggl" gerufen. Dies kommt daher, dass sie früher häufig mit Arbeiten in den umliegenden Waldungen, besonders im Heidelberger Stadtwald, betraut waren. „Wellebriggl" konnte zweierlei bedeuten: Zum einen nannte man so einen gewellten Stock, welcher der zusätzlichen Festigung von Fachwerkwänden diente, deren Holzwerk mit Weller (Lehm, Ton, mit Stroh vermischt) aufgefüllt wurde.

Früher erhielten Ortsbürger von den Gemeinden „Gabholz". Das „Gabholz" war mit dem Bürgerrecht verbunden. Es umfasste „Sterholz" und „Welle". „Welle" sind Holzbündel, die aus Reisigbündel zusammengebunden wurden.

Ein „Wellebriggl" ist Teil einer Welle und umfasst ein Bündel Holz von ungefähr einem Meter Länge.

Zu guter Letzt führten die Gaiberger vormals oft einen „Wellebriggl" als Gehhilfe und Waffe mit sich. Lange Jahre rissen sich die Fußballschiedsrichter der Umgebung nicht gerade darum, ein Spiel in oder gegen Gaiberg zu leiten, waren doch die „Wellebriggl" der Zuschauer bekannt und gefürchtet, wie der Volksmund noch heute zu berichten weiß.

Auch als „Kerschehooge" (Kirschenhaken) waren die Gaiberger ehedem bekannt. Es wird von vielen Kirschbäumen auf den Feldern um Gaiberg in vergangenen Zeiten berichtet. Ein „Kerschehooge" bezeichnete einen Stock, der mit einem Haken versehen war. Mit ihm konnte man auch die Kirschen von entfernteren Ästen pflücken. Bis in jüngere Zeit feierte man im Ort sogar ein „Kirschenfest", was die Erinnerung an diesen heute fast untergegangenen Uznamen vielleicht erhalten kann.

Früher gab es einige Orte in der Umgebung, denen mit dem Uznamen „Hewwl" raue Sitten und ungehobeltes Verhalten nachgesagt wurden. Zu den genannten Orten zählte nach mündlicher Überlieferung der Ältesten einstmals auch Gaiberg. Heute sind im Umland alleine die Ketscher als „Hewwl" bekannt und der Uzname hat sich für Gaiberg verloren.

Heddesbach   „Larremy"

Heddesbach ist einer der ganz wenigen jahrhundertealten Orte in den Landkreisen Rhein-Neckar und Karlsruhe, der keinen gewachsenen Ortsnecknamen aufweisen kann. Dies mag an der seit alters her isolierten Lage des Ortes im Grenzgebiet zu Hessen liegen. Enklavengleich wird der Ort noch heute von Hessen umschlossen, was einstmals sicherlich Auswirkungen auf den Kontakt zu den Bewohnern der Umgebung hatte. Da der nächste badische Ort fast acht Kilometer durch Wald und Hügel getrennt entfernt liegt, ist eine gewisse Isolation des Ortes in früheren Zeiten gut vorstellbar.

Erst in den fünfziger Jahren kam für Heddesbach einige Zeit der Uzname „Larremy" aus einer Westernserie im Fernsehen auf. Der Ort Laramy liege am „Arsch der Welt", was die Heddesbacher nach vielen Jahren durch die angeblich ähnliche Lage des Ortes doch noch zu einem Ortsnecknamen gebracht hat. Dieser ist heute allerdings nur noch älteren Bewohnern im Ort bekannt, obwohl er durch seine Entstehungsgeschichte zu den jüngsten Uznamen dieses Buches zählt.

Einzig im Ort selbst benannte man den Bereich um den Friedhof als „Iwwerrain" und die Bewohner des Dorfteils als „Iwwerrainer".

Heddesheim „Lellebollem" / „Gaahengscht"

Die Heddesheimer wurden aus denselben mundartlichen Besonderheiten wie die Feudenheimer aus Mannheim zu „Hellesemer Lellebollem" (Heddesheimer Lettebodde = Lehmboden). Wie eben da werden auch in Heddesheim das „D" und das „T" zwischen zwei Vokalen als „L" ausgesprochen, nicht die einzige Gemeinsamkeit zwischen „Hellese" und „Feilene".

Der Gemeinde Heddesheim liegt sogar ein Foto als Beleg für diese heute fast nicht mehr existente sprachliche Eigenart aus der Zeit des beginnenden 20. Jahrhunderts vor. Auf diesem sind Arbeiter mit einem Schild zu sehen, auf dem zu lesen ist: „Noch on Spalestich don sin ma uff'm Lele." Der Uzname leitet sich also von der mundartlichen Besonderheit im Ort ab, zugleich wird auch auf den Lehm angespielt, von dem es auf der Gemarkung der Gemeinde Heddesheim reiche Vorkommen gibt. Schon um 1850 gab es hier eine Fabrik, in der Lehm zu Lehmziegeln gebrannt wurde.

Auf den Pferdehandel bezieht sich vielleicht der Name der Heddesheimer „Gaahengscht"; „Gaa = Gau" wird wohl auf den alten Lobdengau gehen. So sagten auch noch die Handschuhsheimer von Metzgern und Händlern, sie gingen ins „Gaa", um Vieheinkäufe zu machen.

Eine andere Erklärung meint, die Heddesheimer hätten den Namen wegen ihrer zu großen Verehrung für das weibliche Geschlecht.

Durch den Umgang mit Jauche wurden auch die Heddesheimer einst „Puhlzappe" genannt, ein Uzname, der heute im Ort allerdings nicht mehr gebraucht wird und nur noch für Seckenheim bekannt ist.

Auch als „Hoorlouse" wurden die Heddesheimer früher bezeichnet. Dieser Ausdruck, der eigentlich „Haarloser" bedeutet, ist in der Kurpfalz weit verbreitet und bezeichnet faule und schlechte Menschen. Da der Begriff in Quellen nur selten direkt mit den Heddesheimern in Verbindung gebracht wird, soll er hier lediglich der Vollständigkeit halber erwähnt werden und ist wahrscheinlich weniger als Uzname denn als allgemeiner Begriff zu sehen.

Heiligkreuzsteinach

„Heiligkreuzsteinach und Eiterbach entstanden wie die anderen Dörfer der Kellerei Waldeck als Rodungssiedlungen erst im Hochmittelalter, nicht vor 1100. Die beiden Siedlungen wurden durch die Besitzer der Herrschaft Waldeck, wohl die Herren von Hirschberg-Strahlenberg, angelegt. Eiterbach hatte deutlich den in der ganzen Kellerei Waldeck bevorzugten Charakter einer Einzelhofreihe, mit unregelmäßigen blockförmigen Grundstücken und Wald im Gemeinschaftsbesitz der Hofbauern. Die Heiligkreuzsteinacher Huben scheinen von Anfang an weniger geschlossen gewesen zu sein. Taglöhnersiedlungen aus dem späten 18. und frühen 19. Jahrhundert schlossen sich in Eiterbach an beiden Gemarkungsenden an, in Heiligkreuzsteinach hauptsächlich in der Hüttengasse an die erhöht gelegene Kirche." (Internetseite der Gemeinde Heiligkreuzsteinach) Mit dem Wissen um die geschichtliche Vergangenheit der heute zur Gemeinde Heiligkreuzsteinach gehörenden Orte mag es verständlicher erscheinen, warum das Dorf mit seinen relativ kleinen Ortsteilen keinen Necknamen im Sinne der in diesem Buch gesammelten Necknamen aufweist, da es von jeher an Größe und Geschlossenheit der Siedlungen oder Höfe mangelte. So wurden die Bewohner der Orte in der Vergangenheit lediglich mit den Namen der jeweils ältesten oder dominantesten Höfe belegt. Zwar ist nicht auszuschließen, dass Uznamen einmal existiert haben, sie sind heute aber leider weder in schriftlichen Quellen noch in mündlichen Überlieferungen nachzuweisen.

Helmstadt – Bargen   „Questlin" / „Brüggehossler"

Wegen ihrer Aussprache wurden die Helmstädter „Helmstädter Questlin" genannt. Sie sollen einst das Wort Weste wie „Queste" oder „Questle" ausgesprochen haben. Andere meinen, die Helmstädter hätten einstens das Wort „gewesen", also „gwest", dergestalt ausgesprochen, dass ihnen das Wort aufgrund ihrer besonderen Aussprache zum Necknamen wurde. Da auch in Helmstadt die Brücke abends zum Verweilen einlud, kam auch hier, wie in manchen Orten der Umgebung, der Neckname „Brüggehossler" auf. Dieser ist heute allerdings weitestgehend untergegangen und nur noch einigen älteren Einwohnern des Ortes bekannt.

Mit folgendem Neckspruch, man beschrieb in diesen Versen die Nachbarn ebenso wie die Gefahren, die Fremden bei der Passage lauern konnten, wurden die Helmstädter einstmals geneckt:

> „Helmscht (Helmstadt) ligt em Deich,
> Flinschbach kummt em gleich,
> In Bariga (Bargen) senn die Ariga (Argen),
> Die Wolleberger sinn noch äriger,
> Die Hüffelder (Hüffenhardter) senn die
> Sammetgschiffelde,
> In Rappene (Rappenau) senn die Hartgebackene
> In Wimpfe senn die Allerschlimmste!"

Über die Helmstädter Mädchen machte man sich folgenden Reim:

> „Die Helmstädter Mädle,
> Die sin so stolz,
> Un fahre doch alle Dienstag,
> Mi'm Schubkarrich ins Holz."

Die Helmstädter Mädchen wurden damals zudem in Neckarbischofsheim mit „Grielin" (Gänse) gerufen. In Helmstadt gab es früher viele Gänse und auch einen Gänsegarten. Ob die große Anzahl an Gänsen im Ort einstmals diesen vergessenen Uznamen in Umlauf brachte oder welche anderen Gründe dahinter verborgen sind, lässt sich heute leider nicht mehr ergründen.
Nach einem wichtigen, wenn auch sehr anrüchigen landwirtschaftlichen Abfallprodukt wurden die Helmstädter zu jener Zeit auch „Mischdsurrer" genannt, was heute allerdings im Ort nicht mehr bekannt ist.

Helmstadt – Bargen   „Die Argen" / „Käslappe"

Der Bargener Uzname „die Argen", heute noch weit bekannt, leitet sich wahrscheinlich lediglich vom Reim auf den Ortsnamen ab und hat demnach keinen weitergehenden Sinn.
Mit folgender Litanei beschrieb man die Gefahren, die angeblich Fremden lauerten, wenn sie die folgenden Orte passieren mussten:

> „In Barge (Bargen) wohne die Arge,
> Die Wolleberger senn noch ärger,
> Und wer durch Hüffehardt kommt ungeschlage,
> Kann in Hochhause von Gunschd un Wunna sage!"

Als „Bargemer Käslappe" waren die Buben des Ortes einstmals ebenfalls, besonders von Wollenberger Seite, verschrien. Warum sie ausgerechnet so genannt wurden, und ob ein besonderer Umstand sie zu diesem ungewöhnlichen Necknamen gebracht hat, wissen sie heute allerdings nicht mehr zu berichten.

Den Kindern aus Bargen und Wollenberg sagte man auch noch nach, dass sie gelegentlich beim Ähren sammeln auf den Hüffenhardter Feldern, wenn es niemand sah, „struppen" gingen. So nannte man es, wenn man fremde Ähren auf die eigene Seite brachte.

———— ••◆•• ————

Helmstadt-Bargen – Flinsbach   „Mischdkrabbe"

Die Flinsbacher und die Helmstädter lebten in früherer Zeit stets mit den Bewohnern von Bargen und Wollenberg in angespanntem Verhältnis.

Von den Nachbarn wurden die Flinsbacher als „Mischdkrabbe" geneckt. Dieser Übername hat seinen Ursprung im alten Ortswappen von Flinsbach. Das Wappen der Herren von Helmstatt zu (Neckar-)Bischofsheim, die lange Ortsherren in Flinsbach waren, zeigt einen Raben über einem Bach, was die Bewohner der Nachbarorte zu ihrem Spott verleitete.

„Mischdzuddebade" wurden die Flinsbacher „Mischdkrabbe", weil die Kinder des Ortes angeblich damals ab und an beim Spielen auf der Straße in den mit Mistbrühe gefüllten Schlaglöchern („Zudde") gebadet haben sollen.

Auch als „Mühldepper" (Mühldeppen) wurden die Flinsbacher früher geuzt, sie hatten mehrere Mühlen auf ihrer Ortsgemarkung. Dieser Uzname ist heute allerdings nicht mehr im Ort bekannt.

———— ••◆•• ————

Hemsbach   „Zwiwwelschlodde" / „Schnooge"

Die Hemsbacher wurden von ihren Nachbarn einst wegen ihres weitverbreiteten Zwiebelanbaus zu „Zwiwwelschlodde", „Zwiebelkuchen" oder einfach nur zu „Zwiebeln" gemacht. „Schlotten" oder „Schluten" nennt man die grünen, bauchigen Blätterröhren der Zwiebel. Das Wort entstammt dem mittelhochdeutschen Ausdruck „slâte" für Schilfrohr. Auf der Hemsbacher Kirchweih, die jedes Jahr am St.-Laurentius-Tag, dem 10. August, stattfand, buk man einst Zwiebelkuchen, zu denen auch die Schluten verwendet wurden. Da diese zu diesem frühen Zeitpunkt meist noch grün waren, neckte man die Hemsbacher mit der Frage: „Sind die Schluten noch grün?"

Einheimische berichten, dass es früher zu fast allen Gerichten, die auf den Tisch kamen, Zwiebeln in allen Variationen gab, was dem Ortsnecknamen zusätzlichen Auftrieb gegeben haben mag. Dieser Uzname ist heute der bekannteste der Hemsbacher Necknamen im Ort und in der Umgebung. Auch als „Schnooge", also Schnaken (Stechmücken), waren die Hemsbacher einstmals bekannt. Dies zeugt von seinerzeit großen Vorkommen dieser kleinen Plagegeister im Ort, der etwas höher als das durch Feuchtgebiete und Frösche gesegnete Laudenbach liegt und mit seinen sumpfigen Wiesen den Schnaken daher von alters her einen optimalen Brutplatz bot.

Als „Scholleklobber" wurden die Hemsbacher und die Heddesheimer auch bekannt, weil sie einst bei Frost versucht haben sollen, einen Acker zu pflügen. Dem Pflug soll eine mit Beilen bewaffnete Schar gefolgt sein, welche die durchgefrorenen gepflügten Schollen bearbeitet haben sollen. Nach Kenntnis der Umgebung ist es allerdings eher wahrscheinlich, dass der lehmreiche und damit schwer zu bearbeitende Boden, der schon den „Hellesemer Lellebollem" zu ihrem Necknamen verholfen hat, auch die Hemsbachern zu ihrem heute nur noch wenigen bekannten Uznamen „Scholleklobber" brachte.

———•◆•—◆—•◆•———

Hirschberg – Großsachsen
„Vorhängelsgugger" / „Brückehocker"

Die Vorhänge an den Großsachsener Fenstern gereichten den Einwohnern des Ortes zu ihrem Necknamen. Sie sollen sich, ähnlich den Bechtheimer „Haampeter" (von „Daheim" und „Peter") aus Rheinhessen, früher regelmäßig hinter denselben versteckt und so heimlich auf die Straße geschaut haben.

So sollen sie mit der Zeit die „Sasemer Vorhängelsgugger" geworden sein. Dieser Uzname ist heute der gebräuchlichste für die Großsachsener, den insbesondere die Leutershausener einst aufgebracht haben sollen.

Auch als „Guthärn" (Eichelhäher) kannte man die Großsachsener in jenen Tagen. Ob dies aus den gleichen Gründen wie für die „Vorhängelsguggern" geschah, ist nicht mehr herauszufinden. Auch der Neckname selbst ist heute im Ort nicht mehr allzu bekannt.

Wie manche Orte in der Umgebung nannte man auch die Großsachsener früher „Brücke-(deckel)hocker", was einerseits auf die bekannte Art des Zeitvertreibs nach Feierabend hinweist. Andererseits ergänzt er aber die vorgenannten Uznamen in der Bedeutung, beobachtete man doch auch auf der Brücke die Vorüberziehenden und bedachte sie mit Kommentaren, wenn auch nicht versteckt hinter Gardinen. Alte Großsachsener wissen noch heute zu erzählen, wie die Bauern abends nach getaner Feldarbeit gerne einen Strohsack auf den Deckel (Mittelstück) der Brücke über „die Bach" holten, um sich bequem setzen zu können. Auf den Brücken, die einst die Höfe mit der Straße verbanden, traf man sich allabendlich zum geselligen Beisammensein und bekam so einen weiteren Necknamen von den lieben Nachbarn verliehen.

Wegen der einstmals großen Anzahl an im Ort gehaltenen Gänsen nannte man die Bürger von Großsachsen vormals auch „Gäns", ein Uzname, der heute allerdings nicht mehr bekannt ist.

Der heute noch für Lützelsachsen gebräuchliche Uzname „Kerscheknewwel" stand früher für alle drei „Sachsenorte", heute sind allein die Lützelsachsener noch unter diesem Namen bekannt.

Hirschberg – Leutershausen „Schdorge"

Die Leutershausener waren in der Umgebung als „Heisemer Störch" oder einfach als „Schdorge" bekannt. Wegen der großen Anzahl dieser Tiere in vergangenen Tagen blieb dem Ort so bis auf den heutigen Tag der Name des Meister Adebar als Uzname erhalten.

Um die Entstehung des Uznamens ranken sich viele Geschichten, die hier alle ohne wertende Folge aufgeführt sein sollen.

Nach einer Erzählung hießen sie so, weil die Bewohner von Leutershausen im ganzen Dorf keinen einzigen Storch gehabt und sich deshalb einmal einen gefangen hätten. Dem aber schien es im Dorf nicht gefallen zu haben und am nächsten Morgen war er wieder aus dem sorgsam gebauten Nest verschwunden. Nach einer zweiten Deutung stürzte einmal ein Mann vom Dach herab, als er einen Storch aus dem Nest in einem anderen Dorf stehlen wollte.

Eine dritte Entstehungsvariante weiß die Leutershausener Ortschronik zu berichten, sie unterstellt den ehemaligen Bürgern von Leutershausen, eine Schildbürgertat vollbracht zu haben: Einst soll ein Storch mitten auf einem Feld des Ortes gesessen haben, das voll von reifem Getreide war. Um größeren Schaden an der Frucht zu vermeiden, ließ sich der Bürgermeister auf einer ausgehängten Tür von vier Ratsmitgliedern auf das Feld tragen, um den Storch zu verscheuchen. Da er auf diesem Weg noch größeren Schaden angerichtet habe, wurden die Leutershausener angeblich deshalb zu „Schdorge".

Auch wird berichtet, im 2. Weltkrieg habe sich angeblich ein Storch auf einem Dach im Ort niedergelassen. Ein Bauer habe eilig ein Nest errichtet, der Storch aber soll beim Ertönen der Fliegersirene davongeflogen sein.

Eine weitere Erzählung berichtet davon, dass einmal ein Einwohner der Ortschaft festgestellt hatte, dass in seinem Garten am Burgweg der Salat abgefressen war. Eines Morgens sah er den Übeltäter in Gestalt eines Storchs. Er soll voll Wut geschrieen haben: „Jetzt hab ich dich!" und soll den Storch totgeschlagen haben.

Eine Variante, welche die Leutershausener selbst zu „Störchen" macht, ist die folgende: Die ehemalige Allmend in der Waid war in dreimal 130 Lose eingeteilt und musste jedes Jahr neu verlost und verteilt werden. Doch war die Allmend wegen des hohen Wasserspiegels oft unter Wasser und die Leutershausener Bürger mussten deshalb, wenn sie ihr Futter heimholten, durchs Wasser waten. Sie zogen dazu ihre Stiefel aus, krempelten ihre Hosen hoch und zogen Schlappen an, damit sie sich nicht an den bloßen Füßen verletzten. Wenn dann die benachbarten Lützelsachsener Bauern die Leutershausener durch das Wasser waten sahen, sagten sie: „Da kommen wieder die Heisemer Storge". Vielleicht kamen die Leutershausener ja auf diese Art zu ihrem heute noch bekannten Uznamen. Welche der zahlreich aufgeführten Entstehungsvarianten dem Ort letztlich zu seinem Uznamen verholfen haben, ist heute allerdings nicht mehr auszumachen.

„Kracke" nannte man die Leutershausener ebenfalls früher, weil sie das R stark rollten. Diese Aussprache ist als „Rhotazismus" in der Sprachforschung bekannt und kommt häufig in der Umgebung vor. „D" und „T" zwischen Vokalen werden zu „R", so dass beispielsweise aus einem „Kaufladen" ein „Kauflare" wurde. Heute ist diese mundartliche Besonderheit fast untergegangen, der Uzname „Kracke", wahrscheinlich für „knorriger Ast", dürfte ebenfalls nur noch den wenigsten bekannt sein. Unter Historikern ist allerdings umstritten, ob diese einst doch weiter verbreitete sprachliche Eigenart markant genug gewesen sein kann, als Unterscheidungsmerkmal Pate für einen Leutershausener Uznamen gestanden zu haben.

Auch als „Worzelgräber" waren die Leutershausener vordem bekannt. Sie gruben Heilpflanzen aus und trugen sie in Säcken zum Apotheker. Deshalb nannte man sie angeblich zusätzlich auch „Bettelsäck". So nannte man viele Bewohner von ärmeren Ortschaften der Umgebung in der Vergangenheit, beispielsweise Waldwimmersbach, Altenbach und Lobenfeld. Aufgrund ihrer kulinarischen Vorlieben wurden die Leutershausener zu „Griewewörscht", ein Uzname, der heute wie die anderen zuvor genannten Necknamen aber fast gänzlich in Vergessenheit geraten ist.

Schlussendlich waren die Leutershausener, was ebenfalls heute nicht mehr bekannt sein dürfte, als „Krabbe" bekannt und man reimte über sie:

> „Heisemer Krabbe,
> Fresse die Labbe (Lappen),
> Fresse die Leis (Läuse),
> Kiwwelvollweis."

Hockenheim   „Sauwagraud"

Das auf den Feldern des einstigen Bauerndorfs angebaute und in den Küchen der Bewohner häufig auf den Tisch kommende Sauerkraut brachte die Hockenheimer zu ihrem Uznamen „Sauerkraut" oder mundartlich „Sauwagraud". Noch heute sagt man in den Dörfern der Umgebung über die Hockenheimer Städter und deren Sauerkraut:

„Hockne gwest, Sauwagraud gesst, gut gwest!"

Den Necknamen „Sauerkraut" teilen die Hockenheimer im Rhein-Neckar-Kreis mit den Horrenbergern.

Auch mit dem Namen zweier anderer kulinarischer Köstlichkeiten der Region wurden die Hockenheimer dazumal geneckt: Sie waren als „Kääskuche" und als „Dampfnudel" bekannt. Den Uznamen „Kääskuche" teilten sie mit den Reilingern und Waibstädtern, denen ebenfalls ihre Backkunst zu einem Necknamen gereichte.

Auch mit dem Namen eines der badischen Nationalgerichte, der „Dampfnudel", waren die Hockenheimer sehr viel früher einmal belegt, allerdings hat sich dieser Uzname heute genauso wie der Grund für die Verleihung desselben verloren.

Ilvesheim   „Narre" / „Insulaner"

Die Ilvesheimer wurden in der Vergangenheit gerne als „Narre" geneckt. Auch heute noch wird der Ort im Umland gerne als „Närrische Insel im Neckar" bezeichnet. Ob die Ilvesheimer zu „Narren" wurden, weil sie früher ein besonders närrisches Wesen im Alltag zeigten oder weil sie sich, was weniger wahrscheinlich ist, besonders stark in fastnächtliche Aktivitäten einbrachten, ist heute nicht mehr zu erkunden.

Die Ilvesheimer nannte man aufgrund der Lage ihres Ortes im Neckar zudem auch „Insulaner". Ein Neckname, der ihnen jedenfalls bis auf den heutigen Tag erhalten geblieben ist.

Ketsch   „Hewwl"

Die Ketscher werden von ihren Nachbarn mit dem Necknamen „Hewwl" (mittelhochdeutsch für Hebel, Knüppel, Prügel, Stock) geneckt. Zur Entstehung des Uznamens gibt es mehrere Varianten:

Eigentlich ist mit dem Wort „Hewwl" ein grobschlächtiger, ungebildeter, ungehobelter oder grober Mann gemeint. Auch ein ungeschlachter Bauer wurde „Bauernhewwl" genannt. Der Uzname galt schlechthin als der Neckname für alle Odenwälder.

Aufgrund eines Kriminalfalls, der sich im 19. Jahrhundert ereignete, ist aber ebenso die zweite Entstehungsvariante in Betracht zu ziehen:

Ein Schwetzinger Metzger namens Heppel machte sich an einem Apriltag des Jahres 1883 auf den Weg zum Viehkauf nach Ketsch. Da er dort nichts erhielt, begab er sich weiter nach Hockenheim. Dort erstand er ein Kalb, das er seinen ihn begleitenden Metzgersburschen direkt von Hockenheim nach Hause bringen ließ. Heppel selbst schlug wieder den Weg nach Ketsch ein. Inzwischen war es Nacht geworden. Aus Aussagen von alten Ketscher Bürgern in älteren Dokumenten, die den Vorfall aus ihrer Bubenzeit noch in Erinnerung hatten, geht nicht hervor, ob er sich hier noch aufgehalten hat. Jedenfalls wollte Heppel noch nach Brühl, um ein Geschäft zu tätigen. Fast hatte er die finsteren und unheimlichen Gesträuppe am Altrhein hinter sich gebracht und das freie Feld erreicht, als ihn heimtückische Mörderhände ergriffen. Unweit des Spissenpfades, dort wo der Mord geschehen sein soll, wurde der Tote, mit dem Kopf im Wasser des Altrheins liegend, aufgefunden. Noch Tage nach den Überfall fanden die Ketscher Buben Pfennigstücke auf dem Mordplatz. Aus dem Wust der Gerüchte drängte sich die Zugehörigkeit Heppels zu einer Sekte hervor, als deren Opfer er wegen internen Ungehorsams verstoßen worden sei. Vom Täter fand sich nie eine Spur. Lediglich die Tatwaffe, ein hölzerner Hewwl (Prügel), fand sich am Tatort auf Ketscher Gemarkung und könnte so den Uznamen der Ketscher ins Leben gerufen haben.

Wie ehedem die Malschenberger „Grashexen" haben auch die in der Vergangenheit nicht besonders begüterten Ketscher Kleinbauern den lieben Nachbarn am Neckarufer einst das Heu von den Wagen stibitzt. Zu einem weiteren Necknamen wie in Malschenberg hat es den Ketscher „Hewwl" allerdings nicht gereicht.

Ladenburg   „Ratzen"

Die Ladenburger wurden von ihren Nachbarn mit mehreren Uznamen bedacht: Als „Ratzen"
oder „Raddse" sind sie bis heute alleine bekannt geblieben. Dieser Uzname leitet sich von nachfolgend aufgeführtem Neckvers ab und entbehrt, nach heutigem Wissenstand, eines tieferen
Sinnes:

> „Ladeberjer Ratze
> Reite uff de Katze,
> Reite bis ans Neckardoor,
> Ladeberjer Lumbechor!"

Von Ladenburg sagte man einstmals auch: „lumpig, lausig,
loddlich, lüderlich, Ladeberg". Beim Bau der Neckarbrücke
soll ein verärgerter Handwerker angeblich ein Wappen für
die Stadt mit 4 „L" am Gestein der Brücke verborgen haben,
um seinen Unmut über die Stadt auszudrücken. Die Existenz dieses Wappens wird von vielen Ladenburger Bürgern ausdrücklich bestätigt, obwohl das Zeichen an einer nicht einfach
einzusehenden Stelle angebracht sein soll und dem Verfasser kein Augenzeuge persönlich bekannt geworden ist.
Auch als „Froschschenkelfresser" waren die Ladenburger früher bekannt. Die Bewohner des Ortes hatten einst oft aus dem
Graben, der sich von Schriesheim nach Ladenburg hinzieht, Frösche geholt, um deren Schenkel zu verspeisen. Die Lage des Ortes
am Neckar brachte es zudem mit sich, dass man mit vielerlei Getier häufigen Kontakt hatte und
sicherlich auch das eine oder andere verspeiste. Heute weiß man weder etwas von dieser einst
verbreiteten Vorliebe noch vom Uznamen, den die Ladenburger dadurch erhielten.
Folgender Neckspruch ist ebenfalls von Ladenburg überliefert:

> „Ladeberjer Diggedagge,
> Fresse die Eier u'gebacke,
> Fresse sie samt de Schale,
> Brauche sie net bezahle."

Ebenfalls als „Neckarschleimer" waren die Ladenburger in jenen Tagen bekannt. Wenn sie den
Uznamen aus den gleichen Gründen wie die Heidelberger tragen, was anzunehmen ist, so waren
auch bei ihnen der Schlamm, den die regelmäßigen Neckarhochwasser an die Ufer trugen,
sowie die Algen des einst flacheren Gewässers Paten für ihren Uznamen.

„Krischer" (Kreischer) ist ein weiterer Uzname für die Ladenburger, die diesen mit den Mannheimern teilten. Dies soll daher rühren, dass die Ladenburger früher ein loses und großes Mundwerk gehabt haben sollen. Den heute in Ladenburg allerdings nicht mehr allzu verbreiteten Necknamen teilen die Ladenburger zudem mit allen Pfälzern.

Warum die Ladenburger schließlich auch noch „Reiwerstadd" (Räuberstadt) genannt wurden, ist heute nicht mehr zu erfahren.

Alle letztgenannten Necknamen sind heute in und für Ladenburg nicht mehr gebräuchlich.

Die Schriesheimer neckten die Ladenburger mit folgendem Neckvers:

> „Sie sitzen auf der Strahlenburg
> Und strecken den Arsch nach Ladenburg."

während sich die so Angesprochenen mit dem Vers revanchierten:

> „Sie sitzen auf der Neckarbrück
> Und strecke den Arsch nach Schriese zurück."

Laudenbach „Frösch"

Die Laudenbacher waren in der Nachbarschaft als „Frösch" oder seltener auch als „Froschschenkelfresser" bekannt.

Der Uzname rührt von der Lage des Ortes im ehemaligen Flussbett des Neckars und von einer der tiefsten Lagen eines Ortes im Rhein-Neckar-Kreis mit durchschnittlich 110 Metern über dem Meeresspiegel her. Zudem war die Lage in der Nähe der Flüsslein Weschnitz und Alte Weschnitz, deren Ufer damals viele Frösche beherbergt haben, besonders förderlich für die Entstehung des Uznamens. Noch heute sind Barrieren notwendig, um die vielen Tiere im sumpfigen Feuchtgebiet von der Straße nach Hemsbach abzuhalten.

Die Tiere, deren nächtliches Geschrei sowie der oftmalige Verzehr der heute nicht nur im Elsass beliebten Froschschenkel haben so den Ort zu seinem immer noch sehr bekannten Uznamen „Laurebächer Frösch" gebracht.

Leimen   „Nuudlkuuche"

Die Leimener wurden in früheren Zeiten mit zwei Uznamen geneckt: Sie waren als „Nuudlkuuche" und zudem, wie die Dossenheimer auch, als „Schdaakaizlin" bekannt.

Der Grund für die Verleihung des ersten Uznamens „Nuudlkuuche" stammt aus längst vergangenen Tagen: In Leimen war es Brauch, den Nudelteig zu einem sogenannten Nudelkuchen ausgerollt vor dem Schneiden auf den Kissen und Bettdecken zum Trocknen auszulegen. Ein Pfarrer, andere berichten, es sei der Bürgermeister gewesen, soll sich einmal ein auf dem Bett liegendes „Taschentuch" eingesteckt haben. Während der Predigt wischte er sich das erhitzte Gesicht ab, das Taschentuch entpuppte sich als „Nudelkuchen" und die Leimener hatten ihren Uznamen weg, den sie bis heute tragen.

Ebenfalls bis heute bittet man Gäste in Leimen mit folgendem, an den Necknamen erinnernden Satz ins Haus: „Kom geh nai, s'gebbt Nuudlkuche unn Wai."

Beim zweiten Übernamen „Schdaakaizlin" wird vermutet, dass in Leimen wie in Dossenheim dieselben Gründe für seine Verleihung ausschlaggebend waren. Gemeint war in beiden Orten eine Rückentrage, die sogenannte „Kaiz", die zum Transport von Steinen aus dem Steinbruch des Ortes diente. Dieser Uzname ist heute allerdings nicht mehr allzu bekannt im Ort.

Von Leimen behaupteten in vergangenen Tagen böse Zungen ebenfalls: „Leime is nit weit von Dreck!", worauf die Leimener allerdings zu antworten wussten: „Awwa s'Geld wächst im Dreck!". Damit spielten sie auf den Gewinn aus den Steinbrüchen und später dem Zementwerk an.

Wegen ihrer einst besonderen und heute völlig untergegangenen Aussprache des R-Lautes sind die Leimener weiter die „Roller un no dezu de Lerreborrendreck!". Den Lehmbodendreck, der die vorstehenden Reime „verursachte", verdanken die Leimener den mächtigen Lösslehmvorkommen auf ihrer Gemarkung.

Innerhalb des Ortes neckten sich die Leimener um die vorvergangene Jahrhundertwende auch gegenseitig mit dem sonst nur noch für Maisbach überlieferten Necknamen „Muuskuche", was aber nie über die Dorfgrenzen nach außen drang und somit auch nie von den Nachbarn als Neckname für die Leimener benutzt wurde.

Leimen – Gauangelloch   „Krabbe" / „Haaiwedder"

Als „Krabbe" sind die Gauangellocher in der Umgebung den Meisten bekannt. Ein konkreter Anlass für die Verleihung dieses Necknamens ist heute nicht mehr überliefert. Geht man aber von einer ähnlichen Entstehung wie in Orten der Nachbarschaft (vgl. Sulzbach im Rhein-Neckar-Kreis und Karlsbad-Ittersbach im Landkreis Karlsruhe) mit gleichem Uznamen aus, so könnten auch die Gauangellocher vormals sonntags ab und zu einen Raben als Sonntagsbraten auf dem

Tisch gehabt haben. Dies bedeutete in ärmeren Zeiten sicherlich eine willkommene Abwechslung auf dem sonst nicht sehr abwechslungsreichen und wenig fleischhaltigen Speisezettel der Familien.

Der Neugier eines Knechtes haben die Gauangellocher ihren zweiten Necknamen zu verdanken. Der Knecht soll der Überlieferung nach eines Tages von seinem Bauern in die nächste Apotheke geschickt worden sein, um „Haaiwedder" (Heuwetter) zu holen. Auf dem Weg zurück konnte der Knecht seine Neugier nicht mehr zügeln und öffnete die kleine Schachtel, die er vom Apotheker im Nachbarort erhalten hatte. Heraus flog eine Fliege und der flehentliche Ausruf des Knechts: „Haaiwedder, flieg Angelloch zu, gell", blieb den Gauangellochern bis auf den heutigen Tag ebenfalls als Uzname erhalten.

Die Gauangellocher nannte man früher wegen folgendem Ereignis zudem auch noch „Bachbrenner":

Als einmal ein brennendes Strohbündel den Bach herunter geschwommen kam, glaubten sie, dass derselbe brenne. Nachdem sich der Irrtum herausgestellt hatte, sprach dieser sich naturgemäß schnell bei den lieben Nachbarn herum und die Gauangellocher wurden so fortan zu „Bachbrennern".

Andere Quellen berichten, den Uznamen hätten die Gauangellocher bekommen, weil der Bürgermeister nach einer Rangelei zwischen Männern und Frauen Sturm läuten ließ, als einige von ihnen in den Bach taumelten, so dass man im Dorf glaubte, es brenne. Auch dieser dritte Uzname ist heute noch im Ort und in der Umgebung bekannt, wenn auch weniger als die zwei erstgenannten Necknamen.

—••◆••—

Leimen – Ochsenbach   „Ochse"

Wohl nur bedingt durch den Anklang auf den Ortsnamen kamen die Ochsenbacher zu ihren zwei heute noch bekannten Uznamen „Ochse" und „Ochsekiwwel". Andere, eventuell in früherer Zeit vorhandene Uznamen haben die Zeit nicht überdauert.

—••◆••—

Leimen – St. Ilgen   „Frösch"

Durch die Lage des Ortes am Leimbach kamen die St. Ilgener zu ihrem Uznamen „Frösch". Früher wurde der Leimbach regelmäßig gestaut, um mit dem Wasser die umliegenden Felder und Wiesen zu wässern. Die nassen Wiesen waren der ideale Brutplatz für Frösche und so waren die Tiere einstmals zahlreich auf den Wiesen des Ortes vertreten. Sie verhalfen mit ihren nächtlichen Gesängen dem Ort und seinen Bewohnern schnell zu seinem Necknamen „Frösch", mit dem die St. Ilgener bei den Nachbarn bis auf den heutigen Tag bekannt sind.

Vielleicht haben die St. Ilgener früher zudem gerne, wie manchmal behauptet wird, auch den einen oder anderen Frosch als Delikatesse verspeist und so den Uznamen „Frösch" zusätzlich verstärkt.

Auch „Froschheim" nannte man den Ort St. Ilgen in jüngerer Zeit aus den bekannten Gründen, während „Dillje" den Ortsnamen in der heimischen Mundart mit einem „D" abgerundet neckte.

Lobbach – Lobenfeld   „Buchfinken" / „Ratze"

Als „Buchfinken" wurden die Lobenfelder einst geneckt. Der Ort hatte durch das Kloster einen großen Waldbestand. Die Männer des Ortes waren im Winter viel im Wald tätig und sollen bei der Arbeit gerne gepfiffen haben. Dies soll, so berichtet der Volksmund, die Nachbarn aus den umliegenden Orten dazu verleitet haben, die Lobenfelder zu „Buchfinken" zu machen. Leider ist dieser Uzname heute fast untergegangen. Zeugt der heutige „Buchfinkenweg", der in Lobenfeld existiert, vielleicht noch von diesem fast vergangenen Brauch?

Lange Zeit hatten die Lobenfelder, auch aus bekannten finanziellen Gründen, keinen eigenen Pfarrer im Ort. Erst 1904 wurde die Dorfkirche eingeweiht, davor wurden sie vom Spechbacher Pfarrer (siehe „Buchfinkendekan") wie beispielsweise auch die Einwohner von Mönchzell (siehe „Mönchzeller Erbsind") mitbetreut.

Bis die Lobenfelder eine eigene Kirche hatten, wurden sie von ihren Nachbarn zusätzlich mit folgendem Spruch geneckt:

> „Die Lofelder Narre,
> Die hewwe kann Parre,
> Die hewwe kann Mann,
> Der predije kann."

Auch den Namen einer anderen Vogelart, „Rotschwänz", sagte man den Lobenfeldern als Necknamen einst nach, heute sind nur noch die Nachbarn aus Mauer unter diesem Namen in der Umgebung bekannt.

Die Lobenfelder waren früher auch die „Ratze" oder „Klouschderratze". Mit „Ratzen" bezeichnet man im Ort wilde Tauben. Eher wahrscheinlich aber als die Ableitung von einer besonderen Vielzahl wilder Tauben im Ort, von der nicht berichtet wird, ist die Herkunft des Uznamens von nachstehendem Neckvers, der für Lobenfeld überliefert ist und der, in abgewandelter Form, häufig als Wanderspruch in unserer Gegend verbreitet war:

> „Die Lobenfelder Ratze,
> Die sitze uff de Katze,
> Die sitze uff de Distelfink,
> Die hewwe all die siedig Kränk."

Die Lobenfelder wurden ebenfalls damals als „Bettelleute" bezeichnet, was Einblick in die finanzielle Lage der Ortsbewohner in längst vergangenen Tagen gewährt. Der Uzname ist allerdings heute, anders als der vorstehende Neckname „Ratze", völlig untergegangen.

Lobbach – Waldwimmersbach „Russen"

Lange Zeit hielt sich im Ort das Gerücht, die Waldwimmersbacher seien mit Napoleons Hilfe zu „Russen" geworden. Beim Rückzug Napoleons wären die nachsetzenden Russen bei der Unteren Mühle in Waldwimmersbach einquartiert gewesen. Die Bürger des Ortes sollen die fremden Soldaten betrunken gemacht und ihnen die Kriegskasse gestohlen haben und seien so zu ihrem Necknamen „Russe" gekommen. Noch heute erinnert die „Russekerwe", die im Ort gefeiert wird, an dieses Ereignis.

Erst in jüngster Zeit fand sich in alten Unterlagen des Rathauses Waldwimmersbach ein interessantes Dokument, das den Vorfall und somit auch die Entstehung des Uznamens vielleicht präziser belegt, zumal über die Einquartierung der Soldaten bis heute keine Belege gefunden werden konnten:

Im Großherzoglich-Badischen-Anzeigenblatt für den Neckar-, Main- und Tauberkreis für das Jahr 1821 wurde vom Großherzoglichen Bezirksamt Neckargemünd am 30. September 1821 folgende Bekanntmachung, an dieser Stelle in gekürzter Form wiedergegeben, veröffentlicht:

„Im Jahr 1814 wurde einem kaiserl. rus. Offizier in Wimmersbach ein Mantelsack entwendet. Weil dieser Offizier aber am nächsten Morgen schon wieder fortreiste und weder seinen Namen anzeigte noch ein Verzeichnis der in dem Mantelsack befindlich gewesenen Gegenstände zurückließ, so konnte, der mit aller Sorgfalt vorgenommenen Untersuchung ohnerachtet, der Diebstahl bisher nicht entdeckt werden. Erst kürzlich aber erhielt man von dem bestohlenen Offizier das Verzeichnis der ihm entwendeten Effekten, und deswegen wurde von dem hochpreisl. Staatsministerio befohlen, zu reassumieren."

So ist es als wahrscheinlich anzusehen, dass der nie aufgeklärte Diebstahl von etlichen wertvollen Gegenständen (darunter der Orden „de la Réunion") des Russischen Lieutenants Marsky den Waldwimmersbachern zu ihrem heute noch weit bekannten Uznamen „Russe" verholfen hat.

Von Waldwimmersbach wie auch von Altenbach erzählte man früher, dass sie in drei Klassen geteilt seien:

In der ersten seien die armen Leute gewesen, diese hätten einen neuen Bettelsack gehabt;

In der zweiten die Bettelleute mit zerrissenen Bettelsäcken;

In der dritten seien schließlich die gewesen, die überhaupt nichts gehabt hätten, nicht 'mal einen Bettelsack.

Auch als „Radel" waren die Waldwimmersbacher vor Zeiten bekannt. In einem Gerichtsprotokoll des Amtsgerichts Heidelberg aus dem Jahr 1907, in dem eine Verhandlung wegen einer Körperverletzung dokumentiert wurde, schimpften die Epfenbacher die Waldwimmersbacher als „Ihr Wimmersbacher Radel", nachdem diese die Epfenbacher als „Kienholzstumpe" genickt hatten. Es ist anzunehmen, dass auch das Waldwimmersbacher Neckwort, wie bei den Mückenlochern, deshalb entstand, weil sie seit alters her Keile verwendeten, damit die Räder der Kuhwagen Halt bekämen.

Dieser Uzname ist heute im Ort allerdings völlig vom Uznamen „Russe" verdrängt worden und bei den Einwohnern nicht mehr bekannt.

Malsch

„Saikiwwl"

Die Malscher sind weithin als „Mälscher Saikiwwl" bekannt. Für alle Bauersleute war die allherbstliche Hausschlachtung ein selbstverständliches und willkommenes Ereignis im Jahreslauf. Vom „Schlachtfest" wurde wenig geredet, es hieß einfach: „Mer schlachte!" So werden es wahrscheinlich die im Herbst im Ort allgegenwärtigen Schlachtwannen gewesen sein, die den Ort zu seinem heute noch bekannten Uznamen gebracht haben.

Eine andere, derbere und im Ort nicht so gern gehörte Erklärungsvariante lautet, die Backnäpfe, welche die Malscher zum Brotbacken benutzten, seien die reinsten „Saikiwwl" gewesen oder gar zum Schweinefüttern verwendet worden. Denn in „Saikiwweln" wurde die „Saitränke" (also das Schweinefutter) zubereitet.

Leider ist nicht überliefert, welche der zwei vorstehenden Varianten Anlass für die Verleihung des Uznamens war. Bezug nehmend auf die zweite Erklärung lautet so ein weiterer Uzname der Malscher „Backnäpf".

Ein jüngerer und trotzdem heute fast vergessener Uzname für die Malscher ist „Singbichl". Dies sollte den Malschern unterstellen, frömmer als die lieben Nachbarn zu sein. In den 1920er Jahren führte Pfarrer Josef Issemann als einer der ersten in der Umgebung ein Singbuch für die Gemeindemitglieder ein, was die Bewohner der Nachbarorte, besonders die Mingolsheimer, dazu verleitet hat, die Malscher auch „Singbichl" zu taufen.

Auch „Zylinder" nannte man die Malscher früher gerne. Heute fast völlig in Vergessenheit geraten, sollen die Malscher zu jener Zeit bei jeder Gelegenheit, die sich bot, und gerne auch noch öfter, als eigentlich angebracht gewesen wäre, den Kopf mit besagtem Kopfschmuck bedeckt haben und seien so zu ihrem heute fast schon vergessenen Uznamen gekommen.

Mauer   „Rotschwänz"

Weil die Rotschwänzchen morgens die ersten Vögel sind, und die fleißigen Mauerer Bauern ebenfalls morgens als erste auf den Feldern anzutreffen waren, bekamen sie von ihren Nachbarn den Namen „Rotschwänz" als Necknamen verliehen. Fast schon als berühmt-berüchtigt konnte man die überlieferte Fleißigkeit der Mauerer Mägde und Knechte bezeichnen, und die Warnung aus früheren Zeiten an junge Mädchen, besser nicht nach Mauer zu heiraten, da dort die Betten schon um 5 Uhr in der Früh' aus dem Fenster hängen würden, sagt auch das Seine über die Arbeitsmoral im Ort in vergangenen Zeiten. Der Vollständigkeit halber sei an dieser Stelle auch der Versuch einer vulgären Herleitung des Necknamens erwähnt, der Bezug auf das männliche Geschlechtsteil nimmt, aber nicht sehr wahrscheinlich ist.

Meckesheim   „Rübsäcke"

Für die Meckesheimer findet man in alten Quellen den Necknamen „Rübsäcke", „Rieweseckel" oder „Rüwasäckel" verzeichnet. Der Neckname ist noch heute in der Umgebung wohlbekannt. Er zeugt von der einstmals großen Produktion von Rüben-Setzlingen im Ort. Da es einstmals noch keine trockenen Samen wie heute in Tüten verpackt zu erstehen gab, mussten die Pflanzen gesetzt und herangezogen werden. Hierzu waren die Böden um Meckesheim, gut gewässert durch den Schwarzbach, den Lobbach und die Elsenz, besonders geeignet. Die gezogenen Setzlinge wurden zu 500 und 1.000 Stück in großen Körben verstaut und mit nassen Tüchern bedeckt in Zügen bis in weiter entfernte Orte gefahren, um dort auf den Äckern gepflanzt zu werden. Von diesem einträglichen Nebenerwerb der Meckesheimer zeugt noch heute der Uzname „Rieweseckel".

Als „Riewesäckel" konnte aber auch der Beutel an der Hüfte des Bauern bezeichnet werden, in dem sich die Rübensaat während der Aussaat befand. Eine weitere, allerdings unwahrscheinlichere Entstehungsvariante besagt, der Neckname soll von der einstmaligen kulinarischen Vorliebe der Meckesheimer herrühren, die Zuckerrüben, weiße Rüben als Futterrüben und viele andere Arten von Rüben einstens intensiv angebaut und vielleicht zudem auch öfter als andere Nachbarn selbst verzehrt haben sollen. Regelmäßig wurden Rüben als Nachfrucht nach der ersten Ernte der Feldfrüchte auf den Feldern des Ortes gesetzt, Gelbe Rüben wurden gerne als Gemüse auf den Tisch gebracht.

In der Gemeinde ist auch folgende Geschichte bekannt: Bei einem Großbrand im Jahr 1722 wurden fast alle Häuser und Scheunen des Ortes vernichtet. Meldereiter strömten in die benachbarten Orte aus, um Hilfe anzufordern. Gemeinsam bekämpfte man das Feuer. Während der Löscharbeiten soll eine Meckesheimerin bezüglich der Rettung ihres Hab und Guts gerufen haben: „s'Rieweseckel hängt noch uff'm Speicher" und die Helfer zur Rettung desselben aufgefordert haben. Die Helfer aus den Nachbarorten konnten nicht verstehen, warum der Meckesheimerin der „Rieweseckl" so wichtig war und sollen aus diesem Grund der ganzen Ortschaft ihren heute noch bekannten Necknamen verliehen haben.

Man erzählt sich ebenso von einem wahrscheinlich erfundenen Missgeschick, das einem Meckesheimer Bauern einmal widerfahren und Grund für die Verleihung des Uznamens gewesen sein soll. So soll ein Bauer einmal auf dem Feld bemerkt haben, dass er seinen „Rieweseckel" zu Hause vergessen hatte. Nachdem er ihn geholt hatte und mit der Aussaat beginnen wollte, soll er festgestellt haben, dass das Säckchen leer war. Nachdem er mit endlich gefülltem Sack zum dritten Mal an diesem Morgen auf dem Feld erschienen war, soll Regen die Aussaat verhindert haben und so nach mündlicher Überlieferung den Meckesheimern ihren Uznamen eingebracht haben.

Die Meckesheimer wurden in vergangenen Zeiten als begüterter als ihre Nachbarn angesehen, da der Ort schon immer ein bedeutender Verkehrsknotenpunkt war. Die Einwohner profitierten von blühendem Handel und Wandel. Diesen Standesunterschied nutzte der Meckesheimer Volksmund aus, wenn er die Nachbarn wegen ihrer vermeintlichen Armut mit folgenden Sprüchen verspottete:

Münchzell e Lumpenescht,	D'Lobefelder sind Bettelleut,
Eschelbrunn desgleiche,	D'Mönchzeller desgleichen,
Zuzehause newe dran,	D'Zuzehäuser nebedran,
Mer Meckser sinn die Reiche!	D'Meckser sin die Reichste!

Meckesheim – Mönchzell
„Kiwwelschisser" / „Erbsinder"

Als „Kiwwelschisser" sind die Mönchzeller bis heute bei ihren Nachbarn bekannt. Vergleicht man die leider nicht überlieferte Entstehung des Uznamens im Ort mit der Entstehung in anderen Orten mit gleichem Uznamen, so verrichteten auch die alten Meckesheimer dem Anschein nach ihr Geschäft, wie manche schlaue Bauern der Umgebung, auf dem Kübel sitzend, um denselben dann zum Düngen auf die Felder zu tragen.

Die Mönchzeller sind ebenfalls bis heute zudem als „Münichzeller Erbsinder" bekannt. Der Ort hatte lange, wie beispielsweise auch Lobenfeld, keine eigene Kirche und wurde vom Spechbacher Pfarrer mitbetreut.

Einst hatte der Spechbacher Pfarrer über die Erbsünde gepredigt und schmetterte die rhetorische Frage von der Kanzel: „Und wo kommt sie her …?" Ein altes Mütterchen, das sich auf dem langen Weg zur Kirche verspätet hatte, betrat gerade die Kirche und antwortete brav: „Vun Mönchzell, Herr Parrer!" So wurden schnell alle Mönchzeller zu „Erbsinder", ein Uzname, der heute noch im weiteren Umland für Mönchzell bekannt ist.

Als „Bettelleute" wurden die Mönchzeller früher gleichfalls geführt. Dieser Uzname legt Zeugnis von der großen materiellen Not der Bewohner des Ortes in vergangenen Tagen ab, die sich aber heute, wie auch der Uzname selbst, gänzlich aufgehoben hat.

———◆•◆———

Mühlhausen
„Polen"

Angeblich wegen ihrer Streitsucht verglich man die Mühlhausener mit den Bewohnern eines deutschen Nachbarlandes: Sie wurden „Polen" genannt, was von der Ähnlichkeit der Mühlhausener Bürger zu den heißblütigen Polen herrühren soll. Diese Form der Deutung ist allerdings umstritten.

Möglich erscheinen deshalb weitere Deutungen: einmal über das Wort „Bohlen", was so viel wie Tölpel bedeutet.

Weiter wird angeführt, dass „echte" Polen im Ort stationiert waren, als die Eisenbahnlinie gebaut wurde und die Bewohner des Ortes so zu ihrem Uznamen gekommen sein sollen. Vielleicht ist ja der eine oder andere von ihnen nicht weitergezogen, sondern hat in Mühlhausen eine Familie gegründet. Heute wird berichtet, dass die eingesetzten Fremdarbeiter in Wirklichkeit überwiegend Ungarn waren, die Dorfbevölkerung diese aber in Unkenntnis der wirklichen Herkunft als „Polen" bezeichnet haben soll.

Möglich erscheint in diesem Zusammenhang auch, dass die beim Bahnbau verwendeten „Bohlen" Namenspaten für den Uznamen des Ortes waren.

Als weiterer Erklärungsversuch sollen mündlicher Überlieferung zufolge angeblich nach einer Pestseuche, bei der nur eine Familie im Ort überlebte, vom Landesherren Polen in Mühlhausen angesiedelt worden sein. Dies sei noch heute in slawischen Gesichtszügen der alten Mühlhausener sichtbar, wie man sich im Ort erzählt.

Auch später gab es nochmals Polen, die in den Ort zugezogen sind und dem alten Uznamen zu neuem Leben verholfen haben könnten:

Während der sogenannten „Polnischen Teilungen" im Jahr 1794 wurden viele polnische Familien aus ihrer Heimat vertrieben. Einige fanden in Mühlhausen ein neues Zuhause. Noch heute zeugen etliche polnische Familiennamen bei den alteingesessenen Mühlhausenern von dieser Geschichte.

Auch nach dem Ende des Zweiten Weltkriegs wurden einige deutsch-polnische Vertriebenenfamilien im Ort angesiedelt, was den neckenden Nachbarn der Gemeinde sicherlich weiteres Wasser auf die Mühlen des Spotts gewesen sein dürfte.

Zumindest für Malsch und Rauenberg gilt die heute vorgebrachte Erklärung, der Uzname leite sich von der Lage des Ortes ab: liegt doch Mühlhausen, genauso wie Polen für Deutschland, im Osten von Malsch und Rauenberg.

Früher nannte man die Mühlhausener „Großpolen", die Rotenberger Nachbarn dagegen waren „Kleinpolen".

Von der Deutungsvariante der „Bohlen" ist noch folgender Neckreim überliefert:

> „Milheiser Bole
> Hocke uf de Kohle,
> Hocke uf de Bank,
> Kriege all die Krank."

Da während der Römerzeit ein Knüppeldamm den Ort durchlief, vermuten manche, der Uzname könnte auch von den im Damm verbauten „Bohlen" abgeleitet worden sein. Dies ist aber eine weniger wahrscheinliche Variante.

Das mittelhochdeutsche Wort „boln" kann schreien, aber auch werfen bedeuten. In der Mundart hat der Ausdruck zudem die Bedeutung von herumtoben und ausgelassen spielen. Vielleicht haben die Mühlhausener ja durch ihr einstiges Verhalten zu ihrem heute noch bekannten Uznamen gefunden.

Woher ihr Übername auch immer stammen mag, die Mühlhausener stehen bis heute zu ihrem Uznamen und erinnern an ihn beim alljährlichen Karneval mit ihrer Damengarde „Polenmädchen". Wegen ihrer Vorliebe für die weiten Beinkleider der französischen Emigranten, die einstmals auch Mühlhausen durchzogen, sollen die Mühlhausener einen weiteren Uznamen bekommen haben:

Sie waren die „Bantlen". Denn sie sollen einstmals versucht haben, die Pantalons der Emigranten nachzuschneidern und so mit der Zeit ihrem ganzen Ort zu dem heute gänzlich in Vergessenheit geratenen Uznamen „Bantlen" verholfen haben.

Eine weniger wahrscheinliche Erzählvariante behauptet, die Mühlhausener hätte in jenen Tagen dem Holzfrevel (wohl in „Banden") oblegen und seien deshalb zu ihrem Uznamen gekommen.

Die Mühlhausener Oberdörfler und Unterdörfler beschimpften sich in längst vergangenen Tagen gegenseitig als „Pfannenflicker" und „Fassbinner", Uznamen, die auf wenig angesehenen Berufen beruhten und die heute beide ebenfalls fast in Vergessenheit geraten sind.

Auch „Kiwwlrinner" nannten sie sich gegenseitig, was sich auf die früher weit verbreitete (Un-) Sitte bezog, das „Geschäft" auf der Straße hockend zu verrichten.

„Krautverscheisser" waren die Mühlhausener ebenfalls, wie auch die Reichartshausener, wenngleich der Grund für die Verleihung dieses Uznamens heute nicht mehr bekannt ist. Wahrscheinlich hat dieser heute untergegangene Uzname mit der lange im Ort beheimateten Tradition des Krautanbaus zu tun.

Mühlhausen – Rettigheim „Drängkiwwel" / „Rettich"

Als „Drängkiwwel" (Tränkkübel) waren die Rettigheimer „Rettich" einst in der Umgebung bekannt.

Da sie vormals auch „Näpf" oder „Backnäpf" genannt wurden, weil sie einstmals im Ort viele Backnäpfe angefertigt haben sollen, ist es möglich, dass die Uznamen in Zusammenhang stehen und vielleicht einst Vieh aus den im Ort gefertigten Näpfen getränkt wurde.

Dagegen leitet sich der Uzname „Rettich", der erst in den letzten Jahrzehnten aufgekommen ist, sicherlich, wie auch beispielsweise der Ochsenbacher Neckname „Ochse", lediglich vom Anklang auf den Ortsnamen ab.

Mühlhausen – Tairnbach

„Freibier"

Nicht nur die Tairnbacher Konfirmanden, die früher nach Eschelbach zum Konfirmandenunterricht gehen mussten, wurden von den dortigen Bewohnern, den Eschelbacher „Hoben", „Freibier" genannt. Dies hatte folgenden Grund: Gab es einstmals irgendwo Freibier, so konnte man sicher sein, dass auch Tairnbacher Bürger nicht weit sein konnten. Aus diesem Grund soll folgende Faustregel für all die, die Angst hatten, keinen Platz im Himmel zu erlangen, gegolten haben: Um seinen Platz im Himmel zu erlangen, hieß es, es genüge, einmal laut „Freibier" vor der Himmelstür zu rufen. Dann würden schon alle Tairnbacher, sie galten als fromm und hätten daher ihren Platz im Himmel sicher gehabt, vor dieselbige treten und man hätte seinen Platz im Himmel erlangt. Der Tairnbacher Uzname „Freibier" erfreut sich noch heute in der Umgebung einer großen Bekanntheit.

Wegen ihrer angeblichen Starrsinnigkeit, vielleicht auch in konfessioneller Hinsicht, waren die „Da(r)nbacher" (Tairnbacher) zu jener Zeit ebenfalls als „Dickköpp" bekannt und gefürchtet. Dieser Uzname ist heute allerdings nicht mehr allzu bekannt.

Neckarbischofsheim

„Brüggehossler"

Wie auch die Baiertaler waren die Neckarbischofsheimer als „Bischemer Briggesitzer" oder „Brüggehossler" bekannt. Brücken und Stege luden zum Rasten und Schwatzen ein, und vorbeiziehende Einheimische und Fremde boten oft Stoff genug zur Diskussion.

Einstmals nannte man die Neckarbischofsheimer auch „Haute volée". Dies sollte die bessere Stellung des Amtsstädtchens symbolisieren, das in früheren Zeiten schon ein Amtsgericht, eine Apotheke, ein Gericht und sogar ein Progymnasium hatte. Diese Einrichtungen brachten oftmals Leute von auswärts in den Ort, von denen manche von höherem Bildungsstand waren als die Einwohner des ursprünglichen Neckarbischofsheims. So kam es, dass die Zugezogenen und mit der Zeit auch die Alteingesessenen unabhängig vom Bildungsstand als „Haute volée" deklariert wurden, ein Uzname, der ihnen bis heute erhalten geblieben ist.

Neckarbischofsheim wird auch die Stadt der drei Lügen genannt: Weder fließt durch sie der Neckar, noch residiert dort ein Bischof, und ein Heim gebe es auch nicht in der Stadt, behauptet der Volksmund. Ähnlich uzt man Engelstadt in Rheinhessen: Hier soll es weder Engel noch eine Stadt geben, und Engelstadt wurde so zur Stadt der zwei Lügen.

Wegen des Lorpsens, der eigentümlichen Aussprache des Zungen-R, neckte man die Neckarbischofsheimer mit folgendem Neckreim:

> „Mein Vater lorpst,
> Meine Mutter lorpst,
> Grad ich kann frei raussage:
> Der Breihaffe hot'n Brandriss."

Aufgrund eines Einbruchs in das Amtsgebäude, bei dem der oder die Diebe nie gefasst werden konnten, wurden die Neckarbischofsheimer zusätzlich noch mit folgendem, heute längst vergessenem Spruch von ihren Nachbarn geuzt:

> „In der Amtsstadt Neckarbischese
> Nor die Handwerksborscht verwische se,
> Aber d'Räuber und die Dieb
> Loss's ruwig rub und nub."

Hierbei stand „ruwig" im örtlichen Dialekt für ruhig und „rub" und „nub" für herüber und hinüber. Der Dialekt und die eigenwillige Aussprache der Bewohner von Neckarbischofsheim brachten ihnen auch den zusätzlichen Necknamen „die grouße Schritt!" ein.

Auch „Milchbrotknie" nannte man die Neckarbischofsheimer damals, heute ist dieser Neckname im Ort nicht mehr bekannt. Wie dieser an eine anatomische Anomalie erinnernde Uzname entstand, ist heute leider nicht mehr zu erkunden.

* ◆ *

Neckarbischofsheim – Helmhof

Lange Zeit war der kleine Ort Helmhof, um 1712 gegründet, zweigeteilt in einen badischen und einen hessischen Ortsteil. Vielleicht aufgrund dieser Zweiteilung, die erst im Jahr 1951 durch eine Volksbefragung beendet wurde, kam nie ein Uzname auf, an den sich die Bewohner des Ortes oder der Umgebung heute noch erinnern könnten. Es wird bei Auswärtigen vereinzelt von „Kohlebrennern" gemunkelt, wenn man über die Helmhofer Bewohner spricht. Die Tätigkeit der Köhler im Wald beim Helmhof hat sich aber zumindest aus Sicht der Ortsbewohner nie als Uzname für den Ort in der Umgebung durchsetzen können.

Auch wird der bekannte Wandervers-Uzname „Hicke-Hacke" hier und da für den Helmhof erwähnt, allerdings ist auch er nicht als für den Ort verbindlich anzusehen.

Somit ähnelt Helmhof dem Ort Marxzell im Landkreis Karlsruhe, der lange Zeit, in drei Ortsteile geteilt, drei Gemeinden zugeteilt war und dadurch keinen gemeinsamen Uznamen entwickeln konnte, obwohl der Ort etliche hundert Jahre alt ist.

Neckarbischofsheim – Untergimpern   „Stoirassler"

Als „Stoiessl", „Stoirassler" oder „Stoihauer" sind die Bürger von Untergimpern, einem ehemaligen Steinhauerdorf, noch heute in der Umgebung bekannt. Den Uznamen tragen sie wegen der vielen Steinbrüche im Ort, auch sind wegen des Untergrunds viele Felder steiniger Natur. „Steinrassler" ist die Bezeichnung für die steinernen Trennwälle, die zwischen den Feldern des Ortes aufgetürmt waren. So wurden einerseits die lästigen Steine aus der Erde gebracht und konnten andererseits die Feldergrenzen eindeutig markiert werden.
Die Bürger von Untergimpern wurden in der Vergangenheit auch als „Hicke-Hacke" bezeichnet. Es ist anzunehmen, dass dieser Uzname eine Abwandlung des bekannten „Wicke-Wacke" ist und ein aus dem bekannten Wandervers (X-Bacher Wicke-Wacke, hewwe dirre Arsch-Bagge) verbliebenes Fragment ist, das den Untergimpernern leicht verändert bis heute anhaften blieb. Möglich ist auch die Herleitung von einem grobschlächtigen Menschen (unbehauen wie ein roher Basaltstein = Wacke) wie im rheinhessischen Wackesheim oder aber vom angeblich entenähnlichen Gang der Dorfbewohner wie in Östringen, Landkreis Karlsruhe.
Die schlechte finanzielle Situation der Untergimperner in freilich längst vergangenen Tagen taucht in folgendem Vers auf, der aus dieser Zeit überliefert ist:

> „Untergimper, Owergimper,
> Liegt net weit vunander,
> Wann die Buwe bettel gehen,
> Sen's glei beinander."

Die Bewohner von Obergimpern, das seit der Kreisreform nicht mehr zum Rhein-Neckar-Kreis zählt, werden von den Nachbarn wie mancher Ort in der näheren Umgebung als „Briggehossler" bezeichnet.

Neckargemünd   „Eelkriig"

Die Neckargemünder sind weithin und bis auf den heutigen Tag als „Neckargminner Eelkriig" bekannt. In Neckargemünd stellten in jenen Tagen Töpfer Tonkrüge her, in denen das Öl aus den

Ölmühlen aufbewahrt wurde. Das früher kostbare Öl wurde zum Transport in Tonkrüge gefüllt. Durch die Art des Transports oder durch die vielen Töpfer, die ihre Krüge auf den Wochenmärkten der Stadt einst feilboten, bekamen die Neckargemünder ihren Necknamen weg, den sie bis heute behalten haben. Mit gutem Humor errichteten sie mitten im Städtlein einen Brunnen, den Ölkrugbrunnen, dessen Wasser aus einem bronzenen Ölkrug fließt.

Auch als „Bieressel" oder „Bierärsch" waren die Neckargemünder einst bekannt, der genaue Grund bleibt uns heute allerdings verschlossen. Zudem ist dieser Neckname, wie auch der nachfolgend genannte, nicht mehr in der Stadt bekannt.

Als „Eselsländer" uzte man die Neckargemünder dazumal gleichfalls, weil sie bei Hochwasser angeblich einmal einen toten Esel, den sie aufgrund seiner Ohren als Hirsch ansahen und für einen guten Braten hielten, geländet haben sollen.

———••◆••———

Neckargemünd – Dilsberg　　　　„Orgeldiebe"

Die Dilsberger wurden im Laufe der Zeit von ihren Nachbarn mit zwei Uznamen belegt, welche die Zeit bis heute überdauert haben. Unter Verdrehung historischer Tatsachen kamen die Dilsberger zu ihrem jüngeren Necknamen „Orgeldiebe": Im Jahre 1871 verkaufte der Vorsitzende der Marianischen Solidarität Jakob Lindau dem Dilsberger Pfarrer Benz die Orgel der Heiliggeistkirche zu Heidelberg, um die Herausgabe an die Altkatholiken zu vereiteln. Darüber gerieten die Benutzer des ehrwürdigen Heidelberger Gotteshauses, Katholiken und Altkatholiken, in heftigen Streit. Schließlich ordnete das Bezirksamt in einem aufsehenerregenden Prozess vor der Strafkammer in Mannheim im April 1875 die Rückholung der Orgel nach Heidelberg an. Das geschah unter dem heftigen Protest der Dilsberger; ihr mühsam des Nachts auf den Berg gekarrtes Instrument war verloren. Schaden, Spott und Neckname aber blieben ihnen bis heute erhalten. Dekan Benz und Jakob Lindau wurden verhaftet und bekamen drei bzw. vier Monate Haft, die voll abgesessen wurde.

Wegen ihrer Aussprache wurden die Dilsberger zudem noch zu den „Dilschberger Raadl". Hellhörige Nachbarn hatten schnell herausgefunden, dass die Dilsberger häufig aus Bequemlichkeit kein deutliches „R" zu Gehör brachten. Besonders die Mückenlocher fanden daran Gefallen und führten die mundfaulen Nachbarn gerne oft mit dem Wörtchen „R(h)aadl" oder „R(h)aadse" vor, das in Dilsberg zu einem „Haadl" wurde. Der Neckname ist ebenfalls bis heute gebräuchlich, die Dilsberger aber haben ihre eigentümliche Mundart leider mittlerweile dem Hochdeutschen angepasst.

Die Bewohner des ehemaligen Dilsberger Ortsteils Dilsberger Hof waren älteren Nachbarn noch als „Sauermilchmarder" bekannt. Der Grund für die Verleihung dieses Uznamens könnte vielleicht ähnlich wie bei den Marienborner „Buddermilchsäck" aus Rheinhessen in der Armut der Dorfbewohner gelegen haben. Auf einen bäuerlichen Ort bezogen könnte es bedeutet haben, dass die Einwohner zu arm waren, so dass sie statt Wein die billige Butter- oder Sauermilch trinken mussten.

In der alten Kurpfalz war wegen des Staatsgefängnisses, das früher in Dilsberg war, auch folgender Ausspruch bekannt: „Die größte Aussicht und das kleinste Stück Brot ist auf dem Dilsberg".

Neckargemünd – Mückenloch   „Radschuh"

Weil die Mückenlocher wegen der geographischen Gegebenheiten ihres Ortes seit alters her Keile, zuerst aus Holz und später dann aus Eisen, verwendeten, damit die Räder der Kuhwagen Halt bekämen, nannte man die Mückenlocher „die Radschuh". Ältere unter den Bewohnern erinnern sich noch heute an den „Radschuhbahnhof", einen Parkplatz oberhalb des Ortes, an dem die Radschuhe vor der Einfahrt ins Dorf an die Wagen gelegt wurden, um diese bei der Abfahrt zu bremsen.

Früher rief man den Mückenlochern auch „Buschelböck" nach, weil sie im Winter viel ins Buschelmachen gingen. Das hierbei gewonnene Reisig benötigten sie zur Herstellung von Besen, was ihnen ein karges Zubrot einbrachte. Im April wurde dann der Lohn für die mühsame Tätigkeit ausbezahlt. Aus diesen Zeiten ist ein Spottvers erhalten geblieben, der vom besagten Uznamen zeugt:

> „D'Micklecher Leit,
> Die sen so gscheit,
> Die halte Kerwe,
> Wann's Buschgeld geit."

Heute wird die Kerwe nicht mehr im April, sondern am ersten Sonntag im Mai gehalten. Auf den heutigen Karnevalsumzügen tragen die Mückenlocher noch immer einen Radschuh und einen Büschel als Statthalter für die beiden Ortsnecknamen vor dem Zug her und halten so die Erinnerung an diese Namen lebendig.

Durch eine Mutation des Ortsnamens kamen die Mückenlocher zu ihrem weiteren Uznamen „Fliegental", den ihnen die Stadtleute verliehen hatten. Angeblich sei einmal einem Apostel der Neuapostolischen Kirche bei einem Besuch der Ortsname nicht fein genug gewesen und er habe die Umbenennung des Ortes in „Fliegental" vorgeschlagen. Der Vorschlag wurde zwar nicht umgesetzt, hat aber immerhin dem Ort zu einem weiteren Uznamen verholfen. Auch als „Mosquito Cañon" ist der Ort in neuerer Zeit bekannt geworden. Der Uzname wurde damit als einer der ganz wenigen „modernisiert" und in unsere Zeit hinübergerettet.

Weil die Mückenlocher in alter Zeit angeblich keinen Hanf zum Hecheln gehabt haben sollen, wurden sie von den lieben Nachbarn ebenfalls als „Kuhschwanzhechler" geneckt. Möglich erscheint hier auch die Herleitung vom Reinigen der Kühe, deren Rücken gestriegelt und deren Schwanz gebürstet wurde. Dieses Bürsten ähnelte sehr dem Hecheln von Hanf. Dieser letztgenannte Neckname ist heute allerdings nicht mehr sehr bekannt im Ort.

Die Dilsberger behaupteten von den Mückenlochern zusätzlich wegen der Aussprache des Zungen-R: „Sie schnorri alli Leit ooa." Allerlei weitere böse Nachrede hatten sich die Mückenlocher in früherer Zeit von ihren Dilsberger Nachbarn gefallen zu lassen: „Sie täte Kartoffel reibe für Käskuchen, das gibt „wilde Käskuche"; die Gemaan versteigt's Kartoffelreibe. Sie fange d'Mucke uf Käskuche. Sie koche derre Quekschte for Apfelkuche."

Der „wilde Käskuchen" ist älteren Bewohnern des Ortes bis auf den heutigen Tag noch bekannt, an die restlichen überlieferten Vorwürfe kann oder mag sich heute aber niemand mehr erinnern.

Neckargemünd – Waldhilsbach   „Hampelswampel"

Mit dem seltenen und originellen Necknamen „Hampelswampel" rief man die Waldhilsbacher einst und bis auf den heutigen Tag. Unstrittig ist, dass der Uzname auf die im Ort regelmäßig abgehaltene Kerwe zurück geht. Dort wurde jedes Jahr neben anderen Attraktionen auch ein Tanzwettbewerb ausgeführt, bei dem der beste Tänzer einen Hammel gewinnen konnte, damals ein beträchtlicher Gewinn. Dem Wettbewerb wohnte der geschmückte Hammel bei, der von einem Kerweburschen zum Tanz vorgeführt wurde. Doch an diesem Hammel scheiden sich die Geister, wenn es um die Erklärung des Uznamens geht. Während die einen meinen, der Hammel selbst und sein zum Schmuck angelegter Wanst („Wampen") oder sein Bauch („Wampe") hätten dem Ort zu seinem heute noch bekannten Necknamen verholfen, meinen die anderen, der Kerweburche, der den Hammel führte, sei Grund für den Necknamen gewesen. Sei doch dieser mit einem Kostüm, das stark an einen Kasper oder eben an einen Hampelmann erinnerte, bekleidet gewesen und habe die Bewohner der Nachbarorte dazu gebracht, die Waldhilsbacher als „Hampelswampel" zu bezeichnen.

Neidenstein   „Rainschisser"

Angeblich aufgrund einer längst vergangenen Angewohnheit seiner Bewohner bekam Neidenstein einst von den Nachbarn den Uznamen „Rainschisser" verliehen. Man reimte:

> „Neidenstai(n) liegt am Rai(n),
> Hat verschiss'ne Hossebai(n)!"

und warf den Neidensteinern damit vor, ihr „großes Geschäft" in den Schwarzbach zu verrichten, der durch den Ort fließt.

Alte Eschelbronner wissen zu berichten, dass nicht nur „die Bach", wie der Fluss durch eine grammatikalische Besonderheit in manchen Orten der Umgebung und auch in Neidenstein heißt, sondern auch die heutige „alte Waibstadter Straße" oftmals Orte des Geschehens waren.

Im Gegenzug neckten die Neidensteiner die Eschelbronner früher mit folgendem derben Spruch:

> „Eschelbrunn liegt am Deich,
> Hewwe all verschissne Beich!"

Ob der heute nicht mehr bekannte Uzname „Stinker", den die Neidensteiner in vergangenen Zeiten ebenfalls getragen haben, mit den vorstehenden Neckreimen in Verbindung steht oder auf einem anderen, heute nicht mehr bekannten Vorfall beruht, ist nicht mehr bekannt, aber anzunehmen.

Indem man die Einwohner von Neidenstein auch „Zipfelskappe" nannte, warf man ihnen eine altmodische Art vor. Dieser Uzname ist heute nur noch älteren Bewohnern der Umgebung bekannt.

Wie auch die Eschelbronner Stegstrecker waren die Neidensteiner einstmals als „Brückezieger" (Brückenzieher) bekannt. Sie sollen eine beim Bau über den Schwarzbach zu kurz geratene Brücke mit Seilen zu strecken versucht haben. Auch dieser Uzname ist allerdings heute im Ort nicht mehr lebendig.

Neulußheim   „Saiduddl"

Gegenseitig neckten sich Altlußheimer und Neulußheimer mit dem Necknamen „Saiduddl", „Saududdl" oder „Sautreiber". In früheren Zeiten hielten fast alle Bauern Schweine im Hof, ein

Umstand, der alleine nicht für einen Uznamen für Neulußheim gereicht hätte. In Neulußheim aber gab es einige Schweinehändler, die dem Ort zu ihrem heute noch bekannten Uznamen verholfen haben. Neckten sich einst beide Orte gegenseitig als „Saududdl", steht dieser Uzname heute alleine für die Neulußheimer, in Altlußheim hat er sich im Laufe der Jahre verloren.

Die Neulußheimer ihrerseits rächten sich, indem sie die Altlußheimer wegen ihrer lautstarken und manchmal auch handgreiflichen Art, die Kühe zu treiben, „Kühbumber" nannten.

Die Neulußheimer werden von ihren Altlußheimer Nachbarn, mit denen sie immer mehr oder minder im Streit nachbarlich verbunden waren, „Gallaawerisch" genannt. Dies ist die mundartliche Aussprache des Wortes „Kalaberich", was früher wegen der oftmals dort ansässigen italienischen Erdarbeiter meist arme Ortsteile bezeichnete.

Als „Bachert" oder „Schirmflicker" waren die Neulußheimer vormals weit in der Umgebung bekannt. Mitglieder der einst in Neulußheim zahlreich vertretenen Familie Bachert waren als Tagelöhner in den Orten der Umgebung bekannt, boten ihre Reparaturdienste an, sammelten Lumpen und Alteisen und brachten den Ort auf diesem Weg zu einem weiteren Necknamen, der bis heute bekannt geblieben ist.

Auch als „Feldsalat" neckte man einst die Neulußheimer. Ob dies geschah, weil der Salat in Neulußheim besonders häufig auf den Feldern oder auf den Tischen des Ortes zu finden war, ist leider nicht mehr überliefert.

Nußloch   „Muundspritzer"

Die Nußlocher sind bei ihren Nachbarn als „Muundspritzer" bekannt. Vor langer Zeit einmal soll die örtliche Feuerwehr ausgerückt sein, um den hinter dem Wald aufgehenden Mond zu löschen. Alarm soll damals der Landwirt Meister gegeben haben. Er hatte in seinem Stall ein Nickerchen gehalten und beim Aufwachen durch die Ritzen der Latten einen hellen Schein über dem Wald gesehen. Er vermutete sofort einen Waldbrand und alarmierte die Feuerwehr, die natürlich umsonst ausrückte. Wenigstens nicht ganz umsonst: Durch ihren Löscheinsatz verschaffte sie ihrem Ort den heute für Nußloch gebräuchlichsten Uznamen „Muundspritzer".

Diese Art von Schildbürgerstreich ist in verschiedenen Varianten in Orten unserer Gegend, beispielsweise in Asbach, Eppingen, Mingolsheim und Wössingen bekannt geworden.

Wahrscheinlich wegen den Kröpfen einiger ihrer Mitbürger waren die Nußlocher, schon lange bevor sie zu „Muundspritzer" wurden, die „Kröpfert" oder „Kropfjockel". Dies ist ein Uzname, der in unserer Gegend aufgrund der einst jodarmen Ernährung relativ häufig anzutreffen ist. So nannte und nennt man die Nußlocher wegen der verbreiteten Fehlfunktion der Schilddrüse vor allem in den Orten Dielheim, Leimen und Sandhausen.

Auch als „Backkerb" sollen die Nußlocher früher bekannt gewesen sein. Angeblich, weil sie einst sehr viele Kuchen in die Gemeindebäckerei getragen haben sollen. Dies wird auch von den Walldörfer Nachbarn vermutet, die annahmen, dass die Nußlocher, wenn sie einmal genügend Mehl in ihrer Mehlkiste hatten, passionierte Brot- und Kuchenesser waren und ihr Backwerk, wahrscheinlich zum Neid der benachbarten Dorfschaften, in Backkörben in die Backstuben getragen haben. Vielleicht wurden sie aber auch, wie die Appenheimer in Rheinhessen, deshalb so genannt, weil in der arbeitsarmen Winterzeit im Ort viele Backkörbe geflochten wurden.

Die Maisbacher Jugend nannte in den 1930er Jahren die Nußlocher auch „Muuskuche", ein Neckname, der sich nicht bis in die heutige Zeit erhalten hat. Er bezog sich ursprünglich auf einen vor einigen Jahren verstorbenen Nußlocher Bürger, der in dritter Generation mit diesem Hausnamen bedacht wurde. Durch Vererbung wurde der Neckname zumindest für eine kurze Zeit auch für die Bewohner des Ortes zu einem Uznamen. „Muuskuche" bezeichnet einen Kuchen, welcher der bekannten Linzertorte in Art und Ausführung am nächsten kommt. Der Namensträger, einst Knecht auf einem Bauernhof, soll diesen Kuchen besonders gern gegessen und jedes Mal, wenn es seine Leibspeise gab, im Handumdrehen mindestens einen halben Kuchen vertilgt haben, was ihm den Uznamen eingebracht haben soll.

———————— •◆• ◆•• ————————

Nußloch-Maisbach   „Mäuslin" / „Most-India"

Die Maisbacher wurden im Laufe der Zeit von ihren Nachbarn mit zwei Necknamen belegt: Hießen sie, im Anklang auf ihren Ortsnamen, oft „Mäuslin" in der Umgebung, hatte der zweite Uzname „Most-India" einen reellen Bezug zum Ortsleben der Vergangenheit. Noch heute gibt es auf den Maisbacher Feldern viele Obstbäume, früher sollen es noch mehr gewesen sein. Aus dem Obst dieser Bäume wurde schon immer gerne Most gemacht, den die Bewohner der umliegenden Orte häufig kaufen kamen. Den Zusatz „India" scheint Maisbach durch seine relativ abgeschiedene Lage erhalten zu haben. Dieser Erklärungsversuch der heutigen Einwohner erscheint aufgrund der Lage der Ortschaft plausibel, ist allerdings lediglich eine Vermutung der Ortsältesten und nicht mehr eindeutig nachvollziehbar.

———————— •◆• ◆•• ————————

Oftersheim „Kiiholdsgnorrä"

Die Oftersheimer waren früher in der Umgebung als „Oftescher Kiiholdsgnorrä" (Kienholzknorren) oder auch als „Kienholzknörzel" bekannt. In früheren Zeiten gab es in Oftersheim viele Kienholzmacher.

Kienholz ist harzhaltiges Kiefernholz, ein Kienspan ist ein harziger Holzspan, der zu jener Zeit als Fackel oder Lichtspan zur Stall- oder Wohnbeleuchtung verwendet wurde. Oftersheim hat noch heute ausgedehnten Hardtwaldbesitz mit Kiefern, deren Holz den Bewohnern des Ortes einst zu ihrem Uznamen verholfen hat.

In dem alten Uznamen lebt zudem die Gemeinschaft der Fröner weiter. Diese waren Fronarbeiter, die früher in den sieben benachbarten Gemeinden Hockenheim, Oftersheim, Reilingen, Sandhausen, Schwetzingen, St. Ilgen und Walldorf die Arbeit der Hardtbachreinigung übernahmen und sich oft ein Zubrot mit dem Verkauf von Kienholzspänen verdienten.

Noch heute lebt der Uzname in Oftersheim im jährlich abgehaltenen „Kienholzknorrefest" weiter, das Mitte Juli Besucher der näheren und weiteren Umgebung anlockt.

Plankstadt „Baggäbleesa"

Die Plankstädter werden von ihren Nachbarn „Backenbläser" genannt. Ob die folgende, von Ulrich Kobelke verfasste Geschichte der Wahrheit entspricht oder nicht, lässt sich heute nicht mehr nachprüfen. Aber auch wenn sie nicht wahr sein sollte, so ist sie wenigstens gut erfunden und kann zu einer Erklärung des Spitznamens der „Plänkschter" immer herangezogen werden. Erzählt wurde die Geschichte vom früheren Rektor der Friedrichschule, Berthold Fertig, anlässlich eines Vortrages im Rahmen der 1200-Jahrfeier im Jahre 1971. Seinen Worten zufolge hatte er sie einem Aufsatz, der in der Schule geschrieben worden war, entnommen. Leider ist der Verfasser dieses Aufsatzes dabei nicht genannt worden:

„Der Vetter Hahn – der Hahne-Schuhmacher – erzählte, der Uznamen ‚Backenbläser' sei im Hofe seines Hauses in der Wilhelmstraße 1, da wo heute die Bezirkssparkasse ihr Domizil hat, entstanden und zwar bei seinem Urgroßvater, von dem er die Geschichte überliefert bekam. In früheren Zeiten seien allerhand fahrende Händler auf den Hof gekommen, darunter Silbersandmänner, Siebverkäufer, Meerrettichhändler, Handkäs-Vettere, Kappenmacher, Mausefallenhändler, Schirm- und Kesselflicker, Scherenschleifer und auch ein

Peitschenverkäufer aus Polen. Trotz ihrer welschen Sprache waren die Polen recht erfolgreiche Händler. Eines Tages aber wollte sich der Bauer partout keine neue Peitsche aufschwatzen lassen und fauchte den hartnäckigen Peitschenverkäufer an: ‚Unsa Geil sin brav, die brauche koa Beitsch – un du bisch in schlechta Polack!' Der verteidigte sich so gut er eben konnte: ‚Ich bin guda Polack – aber du bisch schlechta 'Blos di Back'!' Über diesen Reim musste selbst der Bauer mit seinen vollen Backen lachen und kaufte dem Polen dann doch noch eine Peitsche ab. Die umstehenden Nachbarkinder freuten sich über den Uznamen ‚Blos die Back' und formten ihn beim Weitererzählen um in ‚Backenbläser'. Natürlich wurde die Geschichte auch in den Nachbarorten weitererzählt und kein Wunder: die Plänkschter wurden fortan Backenbläser genannt."
In den zahlreichen hinterlassenen Unterlagen von Gustl Stroh findet sich ein gereimter Text, dessen Urheber ebenfalls nicht genannt wird – vielleicht hat er ihn aber auch selbst gedichtet:

> „Ja, mir Blängschder sin im ganze Land,
> Als Backenbläser wohl bekannt.
> Rote Backe, runde G'sischter,
> Luschdische Aahre – Sunnelischder;
> Sehe aus wie's bliehende Leewe,
> Die volle Backe vun Gott gegeewe.
> Schäne Grübsche do am Kinn
> Und imma frehlisch unsern Sinn;
> Un immer genug Geld im Baitel,
> So isch's – Gewitter – Dunnerkeitel.
> Mea mache heiter immer weiter,
> Mir hewwe iwwahaubd kä Angschd –
> Hoch lewe Blangschd!"

Keine lyrische Meisterleistung vielleicht, aber als Hommage eines „Plänkschters" an seine „Mit-Plänkschter" allemal geeignet!
Vielleicht kam der Uzname „Baggäbleesa" (Backenbläser) auch daher, dass die Plankstädter, wie die Nachbarn behaupten, manchmal den Mund zu voll nahmen und damit die Backen aufbliesen? Heute sagt man im Ort, dass der Uzname auch von der Plankstädter Vorliebe für Musik herrühren könnte.
Eine weitere Geschichte, die von Backen am anderen Ende des menschlichen Körpers handelt und als weitere Entstehungsmöglichkeit zitiert wird, soll hier nicht unterschlagen werden:
Einst sollte eine Abordnung von Plankstädter Bürgern einen für sie heiklen Amtshandel mit einer Behörde eingehen.
In Vorbereitung auf die Besprechung hatten alle Mitglieder der Abordnung fleißig Bohnen und Erbsensuppe gegessen. Der gewünschte Erfolg stellte sich auch umgehend ein. Denn die Luft im Besprechungsraum soll dermaßen verbraucht gewesen sein, dass die Verhandlung stark verkürzt wurde und die Plankstädter mit einem blauen Auge davongekommen sein sollen. Auf

diesem Weg sollen sie nach einer weiteren Erzählart ihren heute noch bekannten Uznamen „Backenbläser" erhalten haben.

Als „Mordbrenner" standen die Plankstädter einstens zudem in schlechtem Ruf. Die Gründe für die Verleihung dieses Uznamens sowie der Uzname selbst sind im Plankstadt von heute nicht mehr bekannt.

Auch „Milchkanne" uzte man die Plankstädter wegen ihrer vielen Kühe früher, der Uzname hat sich allerdings im Laufe der Zeit völlig verloren.

Rauenberg „Woi'schlaich"

Die Rauenberger werden von den lieben Nachbarn als „Woi'schlaich" geneckt. Sie sollen es einst perfekt beherrscht haben, den Wein mit einem fingerdicken Schlauch vom Fass abzusaugen. Sei es, um ein Häffele zu füllen, oder nur, um einen Schluck gegen den eigenen Durst zu tun. Dieses Absaugen mit dem Schlauch nannte man umgangssprachlich „schlaicheln". Eine Brunnenfigur in Rauenberg erinnert noch heute auf lebendige Weise an die Herkunft des Rauenberger Uznamens, den die Bewohner des Ortes mit den Einwohnern von Zeutern aus dem Landkreis Karlsruhe teilen.

Auch als „Hewwl" waren die Rauenberger einst bekannt, angeblich wegen ihrer ehemals ungeschliffenen Art. Dieser Uzname ist heute allerdings vollständig untergegangen.

Rauenberg – Malschenberg „Grashexe"

Als „Grashexe" waren die Malschenberger in der Umgebung einst bekannt. Die Rauenberger Nachbarn behaupteten jedenfalls, dass sich die damals nicht sehr begüterten Malschenberger bei Bedarf klammheimlich mit ihren Sicheln auf den Feldern der Nachbarn mit Futtergras bedienten. Sogar das Gras auf den Feldwegen sollen sie mit Sicheln abgeerntet haben, um ihre Ziegen zu versorgen. Dieser Malschenberger Uzname lebt noch heute im Namen einer örtlichen Theatergruppe weiter.

Auch „Schollehobber" nannte man die Malschenberger früher. Dies soll von der seinerzeit intensiv betriebenen Landwirtschaft herrühren, bei der die Malschenberger anscheinend so fleißig über die Schollen hüpften, dass ihnen der Uzname, der heute allerdings fast in Vergessenheit geraten ist, verliehen wurde.

Die Malschenberger wurden vordem auch als „Bettelsäck" bezeichnet, weil sie, wie schon bekannt, einst wenig materiell begütert, beim lebensnotwendigen Betteln angeblich oft mit Säcken zum Transport des Bettelguts gesichtet wurden.

So wundert es nicht, wenn die Malschenberger noch heute ebenfalls und analog zum vorstehenden Necknamen als „Diebisches Bergvolk" in der Umgebung bekannt sind.

Und auch in Malschenberg kam der Wandervers mit dem Reim auf „Wicke-Wacke" einst in Mode und verhalf dem Ort mit:

> „Malscheberger Wicke-Wacke
> Hewwe all dirre Arschebagge".

zu einem weiteren, heute fast vergessenen Uznamen „Wicke-Wacke". Diesen teilten die Malschenberger in vergangenen Tagen beispielsweise mit den Östringern aus dem Landkreis Karlsruhe.

„Schamuren" war einst ein weiterer Neckname für die Malschenberger, der heute allerdings völlig in Vergessenheit geraten ist. Der Uzname soll aus dem Französischen stammen, seine genaue Bedeutung ist allerdings heute selbst älteren Malschenbergern nicht mehr bekannt.

———— ••◆••• ————

Rauenberg – Rotenberg   „Kuckuck"

„Kuckuck" oder „Gugugg" werden die Rotenberger bis auf den heutigen Tag genannt. Als Grund für die Verleihung führt der Volksmund gleich mehrere Möglichkeiten an:

Als das mittelalterliche Städtchen noch von wehrhaften Mauern umgeben war, konnte man von der Talseite nur vom unteren Tor in die Stadt gelangen. Die letzten Reste dieses Tores wurden um das Jahr 1900 abgerissen. Über diesem unteren Stadttor soll ein in Stein gehauener Kuckuck mit ausgebreiteten Flügeln zu sehen gewesen sein. Ob der scheue Geselle einst als wachsamer Wächter gedacht war oder gar Fremde schrecken sollte, ist nicht überliefert. Böse Zungen behaupten gar, die Figur sollte eigentlich einen Adler darstellen, der dem Steinmetz aber gründlich misslungen war. Dieses Wahrzeichen am Rotenberger Stadttor hat dem ehemaligen Städtchen wohl am ehesten zu seinem Uznamen verholfen.

Eine andere Form, den Uznamen zu deuten, führt hinauf auf das Schloss der Speyrer Fürst-bischöfe. Dem Fürstbistum Speyer machte die Säkularisierung 1803 ein Ende. Die Burg Rotenberg kam 1806 in Privatbesitz, blieb bis 1833 bewohnt und wurde dann so baufällig, dass sie abge-tragen werden musste. Nur ein einzelner alter Diener namens Amon wohnte nach dem Abzug der letzten Besitzer noch auf der Burg. Zu seinem Besitz zählte auch eine Kuckucksuhr. Als eines Morgens der Diener a. D. durch den Kuckucksruf unsanft geweckt wurde, nahm er wütend sei-nen Stock und zertrümmerte den Störenfried. Zornig soll er dabei gerufen haben: „Kuckuck für mich! Kuckuck für dich! Kuckuck für ganz Rotenberg!" So soll nach zweiter Überlieferung Roten-berg zu seinem Uznamen gekommen sein.

Weiter wird als Erklärungsversuch auch die Lage des Ortes in der Nähe des Waldes angeführt, wodurch im Ort oft die Kuckucksrufe zu hören gewesen sein sollen.

Das nachfolgend aufgeführte Lied wurde im Jahr 2001 anlässlich der Einweihung des Dorf-brunnens verfasst und erinnert an den Uznamen des Ortes:

Roteberjer Guckuck

„Will'sch emol en Guckuck sehe
Musch nach Roteberg grad gehe!
Nirgendwo gibt's noch e Stadt
Wo's so viele Guckucks hat!

Große, kloone, dicke, dünne,
Kann'sch bequem bei uns do finne,
Junge, alte, arm unn reich,
Stolz unn mudich noch zugleich.

Eier dunne mir deswege
Net in fremde Neschder lege,
Denn mir hewwe, riesegroß
Üwwer'm Städtel jo e Schloss!

Uffem Schlossberghang nach Süde,
Kooner kann des üwwerbiete,
Wächst en Wei den jeder kennt:
Guckuckswei, de Sankt Laurent!

Awwa vor em Roothaus drunne
Sprudelt Wasser aus em Brunne.
D'Martinsgäns, die bade dort,
Em November sinn se fort!"

Refrain:
Guck, en Guckuck, guck mol, guck,
hockt em Brunne, trinkt en Schluck!

Text: Roland Geissler

Den Rotenbergern rief man früher gerne „Frriebiere" nach, sie trieben ehedem einen regen Handel mit Frühbirnen. Mit dem Ausdruck wurden die Rufe der reisenden Händler nachgeäfft und der Ort kam so zu einem weiteren, heute nicht mehr sehr gebräuchlichen Necknamen.

Auch als „Kleinpolen" war Rotenberg in jenen Tagen bekannt, die „Großpolen" hingegen saßen in Mühlhausen. Über die Beweggründe für die Namensverleihung kann für Rotenberg nur spe-kuliert werden. Sollten ähnliche Gründe wie bei Mühlhausen ausschlaggebend gewesen sein, so wird für die Entstehungslegende auf den vorstehenden Bericht über Mühlhausen verwiesen. Ebenfalls ist noch folgender Neckspruch über Rotenberg erhalten geblieben, der, mit wechselnden Ortsnamen, aber mit stets gleichem Aufbau, weit verbreitet gewesen ist:

> „Routeberger Ratze,
> Hocke uff de Katze,
> Hocke uff de Brunnestecke,
> Kenn mi all am Arsche lecke!"

Reichartshausen
„Krautverscheisser" / „Routmendlin"

Die Reichartshausener kennt man bis auf den heutigen Tag als „Krautverscheisser".
Der genaue Grund für die Verleihung dieses Uznamens ist heute nicht mehr bekannt, er ist vielleicht im lange im Ort weitverbreiteten Anbau von Kraut begründet gewesen.
Eine andere Theorie besagt, einst hätte der Pfarrer des Ortes besonders prächtige Krautköpfe im Garten gehabt. Eines Nachts konnte ein Einwohner nicht widerstehen und schnitt geschickt einen Kopf ab. Die äußeren Blätter jedoch ließ er stehen und „füllte" das Ganze wieder. Über die Reaktion des Pfarrers ist nichts mehr bekannt, der Uzname aber blieb den Reichartshausenern bis auf den heutigen Tag erhalten.
Die Reichartshausener wurden in alten Quellen wegen des im Ort vorkommenden rötlichen Sandsteins auch als „Routmendlin" (Rotmännchen) bezeichnet. Der aus dem roten Buntsandstein gemahlene „rote Stubensand", den man früher zum Reinigen der Stubenböden verwendete, brachte den fahrenden Sandhändlern und schließlich ihrem ganzen Ort den heute noch bekannten und gebrauchten Uznamen „Routmendlin" ein.
In Waldwimmersbach nennt man die Reichartshausener „Goldmännlin". Was die Waldwimmersbacher dazu bewogen hat, den Necknamen von „Rot-" in „Gold-" abzuändern, war weder in Reichartshausen noch in Waldwimmersbach mehr in Erfahrung zu bringen.
Eine ganz andere Entstehungsvariante zu diesem Uznamen findet sich in der alten Ortschronik: Einstmals war es Sitte, dass anlässlich der Kerwe Vorreiter die Musikkapelle abholten. War zu diesem Festtag das ganze Dorf herausgeputzt, so waren dies die Vorreiter stets in besonderem Maße. Um

alle Nachbargemeinden auszustechen, ließen sich die Reichartshausener in einem Jahr etwas ganz besonderes einfallen: Die Vorreiter trugen zur Kerwe rote Zylinder und rote Fräcke, ein Umstand, der allen sofort ins Auge stach und schnell in den Orten der Umgebung die Runde machte. Kam fortan ein Reichartshausener in andere Orte der Nachbarschaft, hieß es: „D'Reichartshausener Rotmännling sinn widder do", was die Reichartshausener aber nie gestört hat.

Da die vorstehende Tradition wohl erst nach der erstgenannten Entstehungsvariante aufgekommen sein dürfte, mag es auch sein, dass die Reichartshausener den bereits durch den Sandverkauf erhaltenen Uznamen in den Ablauf der Kerwe integriert haben, um so auf Nachfrage nach dem Uznamen einen etwas vornehmeren Entstehungsgrund bieten zu können.

Weil die Reichartshausener am längsten in der Gegend noch „Säuschlappen" trugen, so genannte Latzhosen, die man zur Stallarbeit anhatte, während die Männer in den Nachbarorten sich schon längst mit den moderneren „Türleshosen" kleideten, wurden nach und nach alle Bewohner des Ortes zu „Säuschlappe", auch wenn dieser Uzname heute mehr und mehr in Vergessenheit gerät.

Auch sollen die Reichartshausener einstmals einen Storch, der auf einer Wiese umherstolzierte, zu viert auf einem Scheunentor aus der Wiese getragen haben, um größeren Flurschaden durch das Tier zu vermeiden. Diese Schildbürgertat gereichte den Reichartshausenern aber nicht zu einem Uznamen.

Reilingen   „Kääskuche"

Wegen der großen Tradition des Käsekuchenbackens im Ort sind die Reilinger seit langem als „Kääskuche" bekannt.

Das Essen der ärmeren Leute, die sich an Festtagen keine Torten leisten konnten, war der Käsekuchen. Früher wurden regelrechte „Kääskuchefeschtlin" abgehalten, und noch heute rechtfertigt ein hausgemachter Käsekuchen in Reilingen eine weitere Anreise.

Die Entstehung der Tradition des Käsekuchens in Reilingen soll eng mit der folgenden Geschichte verbunden sein: Im 17. Jahrhundert war ein Reilinger Leibkoch beim Kurfürsten in Heidelberg. Da der Landesherr als besonders sparsamer Mann galt, war es auch dem Küchenpersonal untersagt, Lebensmittel verderben zu lassen oder gar wegzuwerfen. Da geschah es eines Tages, dass die Milch sauer und zu Quark wurde. Diesmal konnte sie nicht heimlich den Schweinen verfüttert werden, denn der Kürfürst entdeckte die weiße Masse in der Küche. Um einer Strafe zu entgehen, erklärte der Reilinger seinem Herrn, daraus eine neue Leckerei entwickeln zu wollen. In seiner Not würzte er den Quark, setzte Eier, Rahm und Beeren bei und harrte zunächst der Dinge. Ein Küchenjunge schob das vorbereitete Dessert jedoch in den Ofen. Als der Kurfürst nach der Speise verlangte, musste ihm wohl oder übel das gebackene Produkt vorgesetzt werden.

Zur Freude aller schmeckte dem Landesherrn der Kuchen so sehr, dass er den Koch rufen ließ und ihn nach dem Namen der Köstlichkeit fragte. Ohne viel zu überlegen sagte dieser: „Sire, das ist Reilinger Käsekuchen." So soll es der Legende nach gekommen sein, dass der Kuchen zu einem Traditionsessen wurde und wie der Spargel von der Liste der kulinarischen Köstlichkeiten in Reilingen nicht mehr wegzudenken ist.

Wahrscheinlich hat also ein Unglück in der Kurfürstlichen Küche dem Ort zu seinem heute noch in weiter Umgebung bekannten Uznamen „Käsekuchen" verholfen.

Sandhausen「„Krautköpf" / „Sandhasen"

Die Sandhausener waren bei ihren Nachbarn wegen des früher weit verbreiteten Anbaus von Kraut als „Krauthaawlschissa" (Krauthaawl = Krautkopf) oder „Krautköpf" bekannt. Wohl auch weil das Gemüse wahrscheinlich häufiger als anderswo auf den Tisch kam, wurde der Name so nach und nach zum Sandhausener Necknamen.

Wie viele Orte in der nördlichen Hardt wurden auch die Sandhausener gerne „Sandhasen" gerufen. Dies wird sowohl wegen der sandigen Beschaffenheit der Böden um den Ort als auch wegen des Anklangs auf den Ortsnamen so geschehen sein.

Von den Oftersheimern „Kienholzgnarre" wurden die Sandhäuser selbst gerne „Kienhölzer", „Schindelmänner" oder „Kienholzgnarre" genannt, weil diese mit ihren selbstgefertigten Holzprodukten in jenen Tagen in den umliegenden Dörfern hausieren gingen.

Auch als „Havanna" waren die Sandhausener bekannt. Man wollte ihnen so eine schlechte Qualität der im Ort produzierten Zigarren nachsagen, wie gleichfalls den Michelfeldern. Dieser Uzname ist allerdings mit dem Untergang der Zigarrenindustrie völlig in Vergessenheit geraten und heute im Ort unbekannt.

„Klein-Paris" und „Marokko" lagen früher, anders als heute, direkt in Sandhausen.

Der erste Übername rührte in anderen Orten mit gleichem Necknamen oftmals von der angeblich einst betont weltmännischen Art der Einwohner her, die durch Industrie im Ort zu einem gewissen Wohlstand gekommen waren und sich so von den Orten der Umgebung abhoben.

Im Widerspruch hierzu ist der Uzname „Marokko" für Sandhausen und „Marokkaner" für die Sandhausener zu sehen, wurden doch so eigentlich die ärmeren Orte und Ortsteile in der Region benannt.

Beide letztgenannten Uznamen haben gemeinsam, dass sie untergegangen und den heutigen Sandhausenern nicht mehr bekannt sind.

Schönau

„Maulaffe"

Die Schönauer waren in vergangenen Tagen bei ihren Nachbarn als „Maulaffe" bekannt. Auf der Durchgangsstraße von Neckarsteinach in den Odenwald gab es immer etwas zu sehen. Die Schönauer, so behaupten jedenfalls böse Zungen, seien auf Bänken und „Schdaffle" (Treppen) vor ihren Häusern gesessen und hätten „Maulaffen feilgehalten". Mit diesem Ausdruck bezeichnet man Menschen, die beim Zuhören und Zuschauen den Mund aufsperren und dadurch einfältig wirken. Andere Auslegungen deuten das Wort als Synonym für: „zerstreuter Mensch, Gaffer, Faulenzer, Dummschwätzer". Im Schwäbischen Wörterbuch ist unter Maulaffe ein „Gaffer; Schwätzer; naseweiser, geschwätziger Mensch" verzeichnet.

Man sagte früher auch, die Schönauer stammten aus der „Eselsuniversität", was wohl auf die Rückständigkeit der Bewohner gehen sollte. Ähnliches wurde von den Spiesheimern aus Rheinhessen berichtet, hier wurde aus gleichem Grunde behauptet, man ginge auf die „Ochsen-Universität".

Der Neckname „Kienholzbüschelin" weist auf die heute längst vergessene Tätigkeit des Kienspansammelns hin, die seinerzeit in manchem Ort der Umgebung ausgeübt wurde. Die gesammelten Kienhölzer, besonders harzreiche Kiefernwurzeln und -äste, wurden als Leselichter oder als Feueranzünder verwendet und brachten den Ort so zu einem weiteren, heute fast vergessenen Necknamen.

Schönau – Altneudorf

„Dallacker"

Die Altneudorfer neckte man früher als „Dallacker". Ein Blick in verschiedene Wörterbücher erleichtert nicht unbedingt die Bedeutungsfindung. Bedeutet das Wort im Pfälzischen soviel wie „hauen, prügeln, dalgen", ist im Rheinhessischen damit „durcheinander reden" gemeint. Im Schwäbischen Wörterbuch ist unter „Dalk" ein „ungeschickter, täppischer Kerl" verzeichnet. Gebräuchlich sei der Uzname auch als zärtlicher Schalk: „Mei Dallackerle = mei Herzkäfferle". Manche Altneudorfer meinen, als „Dallacker" seien die Altneudorfer von den Schönauern bezeichnet worden, weil sie in der ehemaligen Freudenbergschen Lederfabrik als „Nei'geschmeckte" gearbeitet hätten. Sie hätten regelmäßig ihren Lohn kassiert, seien von dannen gezogen und deshalb mit ihrem Uznamen versehen worden. Was die Altneudörfler aber definitiv zu ihrem Uznamen gebracht hat und was er genau bedeutet, ist heute nicht mehr bekannt.

Von den Altneudorfern ist noch folgender Neckspruch überliefert, der ihnen allerdings nicht zu einem weiteren Uznamen verholfen hat:

> „Neidörfer Lickelacke
> Esse die Eier ungebacke,
> Esse sie samt de Schale
> Un könne sie net bezahle."

Schönbrunn   „Abaddige" / „Houchvolk"

Besonders die Haager nannten in der Vergangenheit die Schönbrunner „Abaddige", was bedeuten sollte, dass diese etwas Besonderes, höher Gestelltes seien. Auch „Houchvolk" oder „Hou(ch)fahrtsvolk" nannte man sie aus diesem Grund. So reimte man früher über Schönbrunn, wie auch für Moosbrunn: „In Schönbrunn geht der Hochmut um."

Im Ort gab es ehedem einige begüterte Bauern, die sich sogar Magd und Knecht leisten konnten. Dies war in der damaligen Zeit wahrlich keine Selbstverständlichkeit. Oftmals wurde auch die etwas differenzierte Aussprache der Schönbrunner als Beleg für ihre Andersartigkeit angeführt. Dieser Uzname ist für die Schönbrunner bis auf den heutigen Tag in Gebrauch.

Weil es in Schönbrunn früher öfters einmal handfesten Streit, besonders zur Kerwezeit, gegeben haben soll, nannte man die Schönbrunner auch „Schwupp Schwupp", was wahrscheinlich die schwingenden Fäuste lautmalerisch darstellen sollte.

Aus Schönbrunn weiß der Volksmund ebenfalls noch folgenden Neckreim zu erzählen:

> „Schembrunner Dickeldacke
> Fresse d'Aier u'gebacke,
> Fresse'sch mit de Schale,
> Mir kenne'sch bezahle."

Schönbrunner und Moosbrunner weisen sich gegenseitig den Uznamen „Ratze" zu und bestreiten noch heute, selbst diesen Uznamen zu tragen.

Schönbrunn – Allemühl   „Esel"

Die Allemühler sind seit alters her weithin als „Esel"
oder auch als „Mühlesel" bekannt. In ihrem
kleinen Ort gab es früher einmal 7 Mühlen.
Da nach Allemühl zu jener Zeit nur Saumpfade und
keine breiten Straßen führten, transportierten die Bewohner des Ortes und der umliegenden Dörfer noch um
das Jahr 1800 auf dem Hinweg das Getreide und auf dem
Rückweg das Mehl statt mit Pferdefuhrwerken auf
ihren kleinen, schwerbeladenen Eseln und kamen
so zu ihrem heute noch bekannten Uznamen. Erst

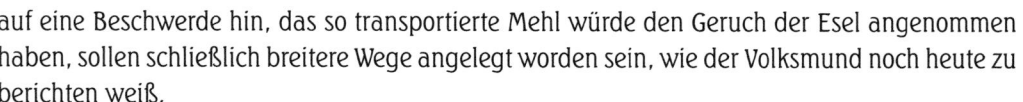

auf eine Beschwerde hin, das so transportierte Mehl würde den Geruch der Esel angenommen
haben, sollen schließlich breitere Wege angelegt worden sein, wie der Volksmund noch heute zu
berichten weiß.

Mit folgendem überliefertem Antwortspruch neckte man einstmals gerne Neunkirchener, welche die Bewohner von Allemühl nach den Eseln im Ort gefragt hatten:

„Früher sin die Esel von Allemühl gekommen, heute gucken sie in Neunkirchen aus dem Rathaus oben raus."

Wie auch die Schönauer neckte man die Allemühler „Esel" als Abkömmlinge der „Eselsuniversität",
wahrscheinlich um damit auch hier die angebliche Rückständigkeit der Dorfbewohner zu necken.
Ähnliches wird auch von den Spiesheimern aus Rheinhessen berichtet. Hier behauptet man aus
gleichem Grunde, man ginge auf die „Ochsen-Universität".

Wahrscheinlich ebenfalls aus Allemühl ist folgende mundartliche Überlieferung über Eberbach
erhalten geblieben:

„De ald Krischdian isch do amol uff Ewerbach nei, do sin Ewerbächer Herre zu em kumme, do
häweschen noch de Esel gfrogd un a, wies em geh däht. Do hodd er gsad: ‚Mir gehds grad
umgekehrt wie em Kenich Saul: der hodd Esel gesucht und hodd e Kenigreich gfunne, ich kennt
e Kenigreich brauche un finn hald numme Esel.'

———••◆••———

Schönbrunn – Haag   „Hooge"

Die Bewohner von Haag werden seit langem „Heegemer Hooge" gerufen. „Hooge" verwendete
man stellvertretend für die örtlich besonders breite Aussprache, hier des Wortes „Haken", als
Neckname.

Ältere Dorfbewohner berichten, es soll früher im Ort außergewöhnlich viele körperlich Behinderte gegeben haben. Da man auch diese „Hooge" nannte, wird von wenigen eine Herkunft aus diesem Grund für möglich gehalten. Diese Variante wird allerdings von vielen Seiten stark angezweifelt und sei hier nur unter großem Vorbehalt in Ermangelung jeglicher weiterer Erklärungen genannt. Auch das Jäten („Aushooge") von Unkraut in den Gärten des Ortes mag nicht so außergewöhnlich gewesen sein, dass es dem Ort zu seinem Uznamen verholfen haben könnte, wie andere vermuten.

Wiederum andere wollen den Wortsinn des Uznamens mit „starrsinnig" verstanden wissen und sagen den alten Haagern diese Eigenschaften nach.

Vielleicht war es die Aussprache der Haager, die, verglichen mit den Orten der Umgebung, besonders breit gewesen sein soll, oder einfach nur der Reim auf den Ortsnamen, der den Haagern den Uznamen einbrachte. Wie es auch immer gewesen sein mag, die Wahrheit über die Entstehung des Haager Uznamens wird nicht mehr zu ergründen sein.

Den Ältesten ist für Haag auch noch der Uzname „Hojasse" bekannt, der auch für Schwanheim überliefert ist. Heute ist der auf die Arbeiten auf den Feldern zurückgehende Uzname allerdings in beiden Orten fast untergegangen.

Über Haag und die beiden Nachbarorte Allemühl und Schwanheim sind noch folgende zwei Neckverse überliefert:

„In Haag hot der Deifel
Sei Modder fortgjagt,
In Schwanne
Hot er sie wieder gfange,
In Allemühl uff die Wisse
Hot er sie verrisse."

„Zu Haag
Isch nix wie Klag',
In Schwanne
Will's ganz Johr net lange,
Un in Allemühl
Isch net viel,
Do peift e Maisel uff de Mihl."

Schönbrunn – Moosbrunn   „Ratze"

Die Moosbrunner nannte man wie auch die Schönbrunner Nachbarn in vergangenen Zeiten „Ratze". Es ist stark anzunehmen, dass in beiden Orten der bekannte Wandervers Anlass für die Verleihung des Uznamens war.

„Moosbrunner Ratze
Reide uff de Katze,
Reide uff'm Scheierdoor,
Moosbrunner Lumbechor."

Ebenfalls aus längst vergangenen Zeiten ist auch der folgende Spruch überliefert, der Aufschluss über die angeblichen Verhältnisse im Moosbrunn der Vergangenheit gibt:

„D'Moosbrunner Dicksäck
Fresse lauter Spitzweck,
Saufe lauter roude Wein,
Der Teufel soll ihr Herrgott sein."

Auf die Zeiten ohne Gotteshaus, das erst im vergangenen Jahrhundert erbaut wurde, nimmt auch der folgende Neckvers bezug:

„Moosbrunn, Moosbrunn ohne Kerch,
Is und bleib ganz iwwerzwerch."

Schönbrunn – Schwanheim „Gerret" / „Hojasse"

Als „Gerret", seltener auch als „Hojasse" oder „Haijockel" waren die Schwanheimer in längst vergangenen Tagen bekannt.

Ob der Uzname „Gerret" von den einstmals 300–400 Gänsen („Gerret") abstammt, die einst im Ort gehalten wurden, oder ob man den Namen auf den Klang des Ortsnamens, der freilich mit dem Federvieh nur auf den ersten Blick zu tun hat, gedichtet hat, ist heute leider nicht mehr überliefert. Auch der Neckname selbst ist heuer leider nur noch den Ältesten im Ort bekannt.

Der zweite überlieferte Neckname „Hojasse" oder „Haijockel" ist heute ebenfalls nicht mehr allzu bekannt und kann leider auch nicht mehr exakt erklärt werden. Wahrscheinlich aber steht er in Verbindung mit der Arbeit auf den Feldern (Heu) und mit einem neckenden, damals aber auch dümmliche Eigenschaften signalisierenden Vornamen (Jockel).

Das Leben im Schwanheim der vergangenen Jahrhunderte muss hart gewesen sein, denn ein noch bekannter überlieferter Neckvers berichtet: „In Schwanne, do will's ganz Johr net lange."

Schriesheim „Mischtkäize" / „Winterbeereköpf"

Die Schriesheimer waren vor Zeiten von ihren Nachbarn mit einer Vielzahl von Uznamen bedacht, von denen einige bis in unsere Zeit überlebt haben: Sie waren die „Wingertstiffl", die „Mischtkäize", „Käize" und die „Narren".

Die Uznamen „Wingertstiffl", „Käize" und „Mischtkäize" haben mit dem Weinanbau an den Hängen des Ortes zu tun:

Zu „Käize" oder „Mischtkäize" wurden die Schriesheimer, weil die Kleinbauern des Ortes früher den Mist aus dem Stall in Körben (Käize) auf dem Kopf in ihre Äcker und Weinberge trugen und so ihrem ganzen Ort zu seinem heute noch bekannten Necknamen „Mischtkäize" verhalfen. Diese Körbe waren aus Weiden geflochten und wurden von den Bäuerinnen mit einem gepolsterten Ring als Kopfschutz getragen. Dieser Name ist heute der bekannteste Neckname im Ort.

Mit „Wingertstiffl" bezeichnete man die Stöcke, die zur Stütze der Rebstöcke verwendet wurden. Die Rebstöcke wuchsen an Rahmen, die aus den senkrecht stehenden „Wingertstiffel" und den sie verbindenden „Trurern" bestanden. Das mittelhochdeutsche Ausgangswort lautet „stivel" (Stütze für den Weinstock). Warum man allerdings gerade die Schriesheimer mit dem Namen eines in Weinbaugegenden häufig verwendeten Gegenstands bedachte, ist leider nicht mehr bekannt.

Mit dem Uznamen „Winterbeereköpf" wurden die Schriesheimer vordem häufig zusätzlich von den lieben Nachbarn geneckt. Waren die Gärten und Felder der umliegenden Orte im Winter leer, hingen auf den Bäumen der Schriesheimer oftmals noch Pastoren und Graubirnen, die sogenannten Winterbirnen.

Diese Winterbirnen wurden in Schriesheim gerne angepflanzt und auch vermostet. Durch ihre „Winterbeere" kamen die Schriesheimer so zu einem weiteren Necknamen, der heute allerdings nur noch wenigen bekannt sein dürfte.

Die Aussprache des „R" der Schriesheimer wurde schließlich von den Nachbarn mit folgendem Spruch geneckt:

„In Schriise in d'r Reisbrauerei   „In Schriise in der Ratskellerei
Stehe drei und dreißig Häfe voll   oder auch: Stäin dreiunddreißig Häffe voll
Reisbrei in aner Reih."   Reisbrei in aaner Reih."

Und auch so ärgerte man die Schriesheimer in längst vergangenen Tagen mit folgenden Versen, wobei der zweite auf ihren angeblichen großen Hunger anspielte:

„Schrießemer Zappe   „Ihr Leit, ihr Leit, dut's Brot eweg,
Fresse die Krabbe,   Der Schrieße-Michel kummt,
Fresse die Läus,   Er frisst der ganze Leeb weg,
Löffelvollweis."   Unn hot noch nit genung."

Schließlich uzte man die Schriesheimer zusätzlich auch noch als „Narren", weil sie vielleicht ein närrischeres Wesen als die Bewohner der Nachbardörfer gehabt haben. Folgender Reim ist zu diesem heute untergegangenen Uznamen noch erhalten, den heute nur noch die Ilvesheimer tragen:

> „Schrießemer Narre
> Sinn ihrer sehr viel,
> Sie singe un pfeife
> Un treiwe ihr Spiel."

Und auch die Schriesheimer Mädchen bekamen ihr Fett weg:

> „Die Schrieseme Mädle
> Sin alle so stolz,
> Die gehen Sonntags ins Wertshaus,
> Un Montags ins Holz."

Darin wird auf die amtlicherseits zugelassenen Tage angespielt, an denen in den Wäldern Holz gesammelt werden durfte.

Schriesheim – Altenbach    „Kochlöffel"

Die Altenbacher sind in der Umgebung noch heute als „Kochlöffel" bekannt.

Sie haben früher in Heimarbeit aus Holz Bestecke, Besen und Rechen geschnitzt, um ihr kärgliches Einkommen durch den Verkauf der Produkte bis hin nach Ludwigshafen aufzubessern. Dies war in vielen Orten im Landkreis in jenen Tagen der Fall. In Altenbach hat sich die Erinnerung an diese Tätigkeit im Uznamen des Ortes bis in die heutige Zeit erhalten.

Manche behaupteten zu jener Zeit auch, die Strahlenburg soll, aus Handschuhsheimer Richtung gesehen, das Aussehen eines Schöpflöffels gehabt haben und vermuteten, vielleicht entstamme ja der Uzname diesem Umstand.

Über Altenbach sagte man in früheren Zeiten, die Bewohner des Ortes „tanzen mit ihrem Bessemgeld". Anscheinend verdienten sich viele Bewohner der einstmals armen Ortschaft neben der Schnitzerei auch ein Zubrot mit der damals ebenfalls weit verbreiteten Besenbinderei.

Von Altenbach wie auch von Waldwimmersbach erzählte man seinerzeit, dass sie in drei Klassen geteilt seien: In der ersten seien die armen Leute gewesen, diese hätten einen neuen Bettelsack gehabt; in der zweiten die Bettelleute mit zerrissenen Bettelsäcken; in der dritten seien schließlich die gewesen, die überhaupt nichts gehabt hätten, nicht 'mal einen Bettelsack.

Auch als „Horniggel" waren die Altenbacher einst besonders bei den Ladenburger Nachbarn bekannt. Gemeint ist mit diesem Wort wohl eine Verschleifung der früher häufig vorkommenden Vornamen „Hans" und „Nikolaus".

Folgender Neckspruch ist ebenfalls erhalten geblieben:

> „Die Altenbacher Kricke, Kracke,
> Fresse d'Eier ungebacke,
> Möge se net bezahle,
> Fresse se mit de Schale."

Schriesheim – Ursenbach „Ochsenbacher"

Die Ursenbacher werden seit langem von ihren Nachbarn „Ochsenbacher" gerufen. Dies kommt vom Ortswappen, das einen Stier in sich trägt und so die Nachbarn zu ihrem Schalk veranlasst hat. Der kleine und idyllisch gelegene Ort Ursenbach kann, wahrscheinlich aufgrund seiner Größe, keinen anderen Uznamen aufweisen. Der ebenfalls erwähnte, vielleicht vom Ortsnamen (lateinisch: Ursus = der Bär) hergeleitete, Neckname „Bärenbach" ist allerdings heute fast nirgendwo mehr bekannt.

Schwetzingen „Stangeschisser" / „Kaffeebuhne"

Der weniger feine, aber heute noch wohlbekannte Uzname „Stangeschisser" sagte den Schwetzingern nach, ihr Geschäft früher ab und an heimlich über den langen Stangen verrichtet zu haben, auf denen der häufig in der Gegend angebaute Hopfen wuchs.

Aber auch als „Schlossgadebonggad" (Schlossgartenbankert) waren die Schwetzinger zu jener Zeit bei ihren Nachbarn bekannt. Dieser Ausdruck wurde für Lausbuben gebraucht, die sich oft in früheren Zeiten auf den Bänken im Schlossgarten ihre Zeit mit allerlei Unfug vertrieben. Der Begriff (mhd. banchart = das auf der Bank mit der Magd unehelich gezeugte Kind) unterstellt zusätzlich in seiner ursprünglichen Bedeutung, losgelöst vom Uznamen, in anderen Orten unseres und des hochdeutschen Sprachgebiets auch eine uneheliche Herkunft. Solche Kinder wurden auch „Heckebankert" oder „Eemenzebankert" genannt. Es kann aber auch als Schimpfwort für einen frechen Lausbuben gebraucht werden.

Wegen ihres überaus bekannten Spargelanbaus waren die Schwetzinger nah und fern auch als „Spargelärsch" bekannt, dieser Uzname ist heute allerdings weniger gebräuchlich.

„Kaffeebuhne" war ein weiterer Neckname, der für die Schwetzinger einstmals stand. Vielleicht frönten sie einst mehr als die Nachbarn dem heißen Getränk aus aufgebrühten Bohnen?

„Bäckerläwler", „Bäckerlewel" oder „Bäckerhewwl" rief man die Schwetzinger ebenfalls, warum, ist heute leider nicht mehr überliefert.

Folgender Neckspruch, der in abgewandelter Form oft gebraucht wurde, ist überliefert und zeugt von der alten Liebe der Schwetzinger für Ortsneckereien:

„Wer in Schwetzinge ned geuzt,
In Plankstedt ned geduzt,
In Eppele ned verhaue,
Wohlbehalde Heidelberg erreicht,
der kann uff Gott vertraue."

Sinsheim

„Wetzstoi(n)spucker"

Die Sinsheimer sind schon lange weit über ihren Ort hinaus als „Wetzstoi(n)spucker" bekannt. Dies kommt daher, dass die Sinsheimer Männer früher beim Röhrichtmachen, dem Mähen von Gras und Schilf, täglich bis an die Knie im alten Stadtgraben standen. Trotzdem spuckten sie, manche sagen, aus reiner Gewohnheit, andere meinen, es sei Faulheit gewesen, immer beim Schleifen der Werkzeuge auf den Wetzstein, obwohl dieser zur Hälfte selbst im Wasser stand und so immer gut befeuchtet war. Älteren Bewohnern der Stadt ist noch heute bekannt, dass es im Bereich der Elsenz immer nass und sumpfig war.

Rudolf Lehr hat dem Sinsheimer Wetzstoi(n)spucker ein würdiges Mundart-Denkmal gesetzt, das dem Wetzstoi(n)spucker in der Sinsheimer Fußgängerzone um nichts nachsteht:

Sinsemer Wetzstoi(n)spucker   (Rudolf Lehr)

„Des isch en Zu vun alder Zeit   Kann Gucker un kann Mucker,
De Wetzstoi(n)spucker spuckt noch heit, Er hot nie faul gegafft,
Er spuckt ufs Reff un isch am Grinse,   Hot immer fleißisch gschafft...
Midde im Stadtzentrum vun Sinse –   Des gilt aa noch fer heit
Un schun de kleenschde Sinsemer Bu,   Fer alle Sinsemer Leit –
Der lacht, un er bekennt sich dezu: Guckt eich die Stadt a(n) zum Beweis,
S isch unser Wetzstoi(n)spucker,   S isch alles entstanne durch Sinsemer Fleiß!"

Die Sinsheimer selbst ärgerten vormals ihre Nachbarn mit folgenden Neckreimen, die uns aus längst vergangenen Tagen erhalten geblieben sind:

„Sinse isch e schöne Stadt,
Rohrbach isch e Bettelsack,
Erbse, Bohne, Linse,
Steinfurt, Rohrbach, Sinse."

„Stoifurt, Rohrbach, Sinse,
Erbse, Bohne, Linse,
Sinse isch e schene Stadt,
Rohrbach isch e Bettelsack,
Stoifurt isch de Säuküwel,
Reie (Reihen) isch der Deckel drüwer."

Sinsheim – Adersbach   „Blosbälg"

Zur Entstehung dieses Uznamens gibt es nicht nur eine Variante:
Von Hasselbach aus gesehen liegt Adersbach im Westen, in der Hauptwindrichtung. Von Adersbach her wehte der Wind, der im Winter gefürchtet und bitterkalt war, daher meist nach Hasselbach. So kam es, dass die Adersbacher von den Hasselbachern bald und bis heute „Blosbälg" genannt wurden.
Eine andere Erklärung besagt, dass die Adersbacher wegen folgendem, schon lange zurückliegendem Missverständnis zu „Blosbälg" wurden:
Anstelle der benötigten Blasebälge sollen Adersbacher Männer einmal trigonometrische Signalstangen an eine Baustelle geholt haben und mussten diese, als der Irrtum bemerkt wurde, unter allgemeinem Gelächter zurücktragen.

Der schon lange verstorbene Maurer und heute fast vergessene Lokaldichter Huber hat hierzu einmal Folgendes in Versform berichtet:

„In einem Ort gab's Spass zum Lachen,
Wollt einer da die Orgel machen,
Er tät zu dem Ortsdiener sagen:
Soll Blosbalg auf das Rathaus tragen!
Er tut das Ding halt letz verstehn,
Und tät nach drei Gehilfen gehen.
Sie gehen auf die Hochstraße nauf
Und packe dort den Signal auf.
Der Haffner sprach: ‚Was brauchen wir uns da zu plagen?
Gleich geh i ham unn hol mei Wagen!'
s'Weeke Stoffel kommt a zu springe:
‚Ja wollt ihr den ufs Rathaus bringe?'

So wurde das Missverständnis schnell publik und bald zum Uznamen für den Ort in der Umgebung benutzt.

Wie der Uzname aber wirklich letztlich zustande kam, ist leider nicht mehr in Erfahrung zu bringen. In Gebrauch ist er jedenfalls bis auf den heutigen Tag.

Sinsheim – Dühren   „Manschettenbauern"

Die Dührener Bauern wurden in vergangener Zeit und bis heute als „Manschettenbauern" geuzt.

Es hat im Ort früher den einen oder anderen „größeren" Bauern gegeben.

Zu jener Zeit sollen diese, bösen Zungen zufolge, mit Manschettenknöpfen an weißen Hemden und mit Stehkrägen zur Feldarbeit gegangen sein.

Andere meinen, die Vorfahren der Dührener hätten gerne Manschettenstiefel getragen und versuchen so, den Uznamen zu deuten.

Ob sich der Neckname somit vom Bauernstolz dieser Großbauern oder vielleicht nur von Neidern ableitet, ist heute nicht mehr mit Gewissheit zu sagen.

Sinsheim – Ehrstädt „Bodelädle"

Die Ehrstädter wurden in vergangener Zeit von ihren Nachbarn als „Bodelädle" oder „Bode-lädlesgugger" bezeichnet. Dieser Uzname setzt sich aus den Wortteilen „Bode-" für „Dachboden" und „-lädle" für „Fensterladen" zusammen und bedeutet „Dachbodenfenster" oder „Dach-bodenfensterkucker".
Angeblich sind die Ehrstädter in längst vergangener Zeit gerne auf den Dachboden gestiegen und haben aus den Dachfenstern geschaut, um draußen nach dem Rechten zu sehen. So beka-men sie ihren heute noch gebräuchlichen Uznamen verpasst.

Sinsheim – Eschelbach „Hoben"

Die Eschelbacher wurden in vergangenen Zeiten nicht nur von ihren Tairnbacher Nachbarn wegen der häufig im Rebbau bei der Pflege der Rebstöcke und beim Kleinholzmachen im Wald eingesetzten krummen Messern „Hoober", „Hoppe" oder einfach „Hoben" gerufen. Diesen Uznamen teilen sie sich unter anderem mit den Elsenzern und den Dielheimern.
Den Uznamen nutzte man früher gerne selbst, um mit einem Reim die Eichtersheimer Nachbarn zu ärgern und ihnen die angeblich schwäbische Abstammung, die natürlich nicht der Realität entsprach, vorzuhalten:

> „Eschelbacher Howe,
> Eischderscher Schwowe."

Auch als „Spengler" waren die Eschelbacher einst bekannt, ein Uzname, der auf die Tradition der Metallwarenfertigung in Heimarbeit zur Aufbesserung des Einkommens hindeutet, sich aber heute ganz verloren hat.
Der Uzname „Kiehstumbe" weist wie in vielen Orten der Umgebung auf die ehedem häufig genutzten Kienhölzer hin, die in ärmeren Orten gern zum Feueranzünden oder als Leselichter verwendet wurden und mit denen zudem häufig rege gehandelt wurde. Allerdings ist auch dieser Uzname heute im Ort nicht mehr gebräuchlich.

Sinsheim – Hasselbach „Trampel"

Der Hasselbacher Uzname „Trampel" geht auf die langen Fußmärsche zurück, welche die Bewohner der Orte einstmals zurücklegen mussten, um von Ort zu Ort zu gelangen. Da den einfachen Leuten früher kein Transportmittel zur Verfügung stand, das sie sich hätten leisten können, wurden auch größere Strecken regelmäßig zu Fuß zurückgelegt. Bei diesen Fußmärschen ging man meistens im „Gänsemarsch" hintereinander. Die Hasselbacher sollen dabei immer besonders laut aufgetreten sein und sind daher von ihren Nachbarn im Laufe der Zeit mit dem Necknamen „Trampel" versehen worden, der sich bis heute im Ort und in der Umgebung erhalten hat und auf den man reimt:

> „Hasselbacher Trombe(r),
> Ohner wie der onder."

Sinsheim – Hilsbach „Katzen"

Die Hilsbacher sind in der näheren Umgebung des Ortes bis auf den heutigen Tag als „Katzen" bekannt. Dies hatte mit der alten Stadtmauer zu tun, wie man noch heute im Ort vermutet, was aber heute nur noch den allerwenigsten Einwohnern bekannt ist.
Schon früh reimte man, wohl wegen der Enge der Stadt, bedingt durch die alten Stadtmauern, die im Ort teilweise noch heute zu sehen sind:

> „Hilsbach isch a schönes Städtle, ringsherum mit Mauere,
> Wer darin a Schätzle hat, der isch zum bedauere."

Gerade diese Enge soll der Grund für die Verleihung des Hilsbacher Uznamens gewesen sein. Die Hilsbacher Bürger sollen zu früheren Zeiten innerhalb der Stadtmauern derart beengt gewohnt haben, dass sich Dach an Dach und Fenster an Fenster reihte und die Bewohner „Katzen gleich von Dach zu Dach springen konnten".

Vielleicht erfuhr aus diesem Grund auch der Neckreim, der andernorts regelmäßig auf „Ratzen" gereimt wurde, für Hilsbach die Wandlung in:

„Hilsbacher Katze,
Reite uff de Spatze,
Reite uff de Bänk,
Kriege die siedig Kränk."

— ◆ —

Sinsheim – Hoffenheim   „Schleicher"

Die Hoffenheimer waren in alten Zeiten als „Schleicher" bekannt. Der Volksmund berichtet, die Hoffenheimer Jungen seien besonders den Zuzenhausener Mädchen gerne in Verehrung zugeneigt gewesen. Da einst eine Liaison über die Ortsgrenzen hinweg nie besonders gern gesehen war, hieß es, vorsichtig zu agieren. So schlichen die Hoffenheimer Jungmänner in freilich längst vergangenen Nächten häufig heimlich nach Zuzenhausen, um bei ihren Angebeteten zu fensterln, ohne eine Tracht Prügel zu riskieren. Die hätte ihnen sicherlich gedroht, wären sie von den Zuzenhausener Männern bei ihrem Werben ertappt worden.
Gleichzeitig verhalfen sie ihren Mitbewohnern durch ihre vorsichtige „Vorgehensweise" im wahrsten Sinne des Wortes ungewollt zu ihrem Ortsnecknamen „Schleicher", der bis heute bekannt und gebräuchlich ist.

— ◆ —

Sinsheim – Reihen   „Kuckuck"

Der Volksmund berichtet über die Entstehung des Reihener Uznamens, dass die Reihener einmal zur Kirchweih einen Kuckuck gefangen haben sollen. Sie hätten ihn in der Küche in eine Schublade gesperrt, in der auch ein Kuchen lag. Als sie den Kuchen vier Tage später, am Ende der Kirchweih, herausholen wollten, war dieser schimmelig und der Kuckuck tot. Da sich das Missgeschick schnell herumgesprochen hatte, sollen die Reihener seit diesem Tag als „Kuckuck" geuzt worden sein.
Eine andere Version der Entstehungsgeschichte geht dahin, dass der Kuckuck in einen Brotkasten gesperrt wurde und verhungerte, weil der Bauer angeblich keinen einzigen Brotkrümel darin gelassen hatte.

Ob das an der Elsenz gelegene Kuckuckswäldle zum Uznamen beigetragen hat oder durch diesen erst so genannt wurde, ist heute nicht mehr zu ergründen. Vielleicht führte ja auch ein einst besonders hoher Bestand an Kuckucksvögeln im nahen Wald zum bekannten Uznamen? Welche der vorstehenden Entstehungsgeschichten den Ort zu seinem heute noch bekannten Uznamen gebracht hat, ist nicht mehr bekannt.

Damals wurden die Reihener, wahrscheinlich wegen einer einstigen kulinarischen Vorliebe, zudem auch „Pumpernickel" genannt. Folgender Spruch zeugt noch heute hiervon:

> „Route Strumpf und blooe Zwickel,
> Trage die Reihemer Pumpernickel."

Dieser Uzname ist heute allerdings im Ort in Vergessenheit geraten und nicht mehr gebräuchlich.

Sinsheim – Rohrbach   „Brückahossla"

Weil die Rohrbacher nach Feierabend gerne auf der Mauer ihrer Dorfbrücke saßen, Passanten beobachteten und tratschten, wurden sie früher „Brückahossla" genannt, ein Uzname, den sie unter anderem mit den Baiertalern teilen. Von dieser Tradition des Zeitvertreibs zeugt noch heute folgender Neckvers:

> „Die Rohrbacher Wigge-Wacke,
> Die hawwe derre Arschbacke,
> Die Rohrbacher Brückehossler:
> Uff der Brück' hossle!"

Als die Unterschiede zwischen den Konfessionen noch Reibungspunkte im täglichen Leben bildeten, hieß man im ritterschaftlichen evangelischen Nachbardorf die fürstbischöflich-speyerischen und demnach katholischen Rohrbacher zudem „Kreizköpf". Dieser Uzname hat sich allerdings heute in Rohrbach fast verloren.

Sinsheim – Steinsfurt   „Schnooge"

Der Steinsfurter Uzname „Schnooge" oder „Schnoogadängler" zeugt von den einstmals im Ort häufig vorkommenden Schnaken und den oft vergeblichen Versuchen der Einwohner, sich dieser mit Schlägen zu erwehren.
Konkreter Anlass zur Entstehung der Schnakenplage, so weiß man im Ort zu berichten, sei die Verlegung von „der Bach" gewesen, wie die Elsenz nicht nur in Steinsfurt genannt wird. Diese wurde zum Bau der Mühle in der Ortsmitte umgeleitet, um die Wasserversorgung der Mühle zu Energiegewinnungszwecken zu gewährleisten. Im alten Flussbett stand in der Folgezeit das verbliebene Wasser ab und bildete so eine ideale Brutstätte für die kleinen Plagegeister, die den Ort in Trab hielten und ihm mit den Jahren so zudem zu seinem heute noch sehr bekannten Uznamen verhalfen.

Sinsheim – Waldangelloch   „Rechenmacher"

Die Waldangellocher wurden in früheren Zeiten „Rechenmacher" genannt. Anscheinend gingen seinerzeit im Ort besonders viele Einwohner dieser in ärmlicheren Gegenden weit verbreiteten Tätigkeit nach, so dass die Berufsbezeichnung dem Ort zu seinem Uznamen gereichte. Heute geht wenigstens noch ein Rechenmacher im Dorf seinem Beruf im Nebenerwerb nach und zeugt so von der langen Tradition dieses heute fast ausgestorbenen Berufes in Waldangelloch.
Die Bewohner des Ortes wurden in längst vergangenen Zeiten auch „Zwiebeln" genannt. Ob wegen des Anbaus des Gemüses oder wegen des bevorzugten Verzehrs desselben, ist heute nicht mehr zu ergründen.
Ebenso ist nicht mehr bekannt, warum die Waldangellocher früher auch als „Harschebuwe" (Hirschbuben) geneckt wurden. Ob dies wegen der Tiere im Wald oder vielleicht wegen einer schnellen Gangart der Bewohner geschah (siehe Michelfeld), ist heuer nicht mehr auszumachen.

Sinsheim – Weiler   „Bären"

Dem Weilerer Uznamen „Bären" liegt der Überlieferung nach folgende Begebenheit zugrunde: Weil die Nachbarn aus Reihen einstmals einen Büschel aus Erbsen- oder Bohnenkraut an einen Baum gehängt hatten, glaubten die Weilerer, in dem Baum säße ein Bär und rückten nach allgemeinem Alarm mit Dreschflegeln und Heugabeln aus, um das Untier zu töten. Als sie ihren

Irrtum bemerkten und dieser in den Nachbardörfern bekannt wurde, wurden sie fortan als „Bären" oder „Erbsensäck" geuzt. So berichtet der Volksmund von der Entstehung des Uznamens, der sich bis heute erhalten hat und für Weiler auch in der Umgebung bekannt ist.
Auch reimte man:

> „Weilerer Bären,
> Hocke uff de Scheeren,
> Hocke uff de Bänk,
> Kriege all die Kränk."

Spechbach

„Ratzen"

> „X-bacher Ratze,
> Raide uff de Katze,
> Raide uff de Bänk,
> Hewwe all die siedisch Kränk."

Von diesem beliebig anwendbaren Wanderspruch haben viele Orte in der Umgebung ihren Necknamen erhalten. Das Wort „Ratzen" kann gen Karlsruhe hin von Ratten abstammen, im Sprachraum des Kraichgau sind es eher wilde Tauben. Auch die Spechbacher wurden einst, heute fast vergessen, mit diesem Uznamen bedacht, der wahrscheinlich keinen tieferen Sinn hat.
Auch als „Späbrenner" kannte man die Spechbacher seinerzeit. Gemeint waren damit Kienholzspäne, die früher besonders in ärmeren Orten gerne als Lichtquelle verwendet wurden. Während die Bewohner anderer Orte häufig als „Kiehholzstumbe" bezeichnet wurden, nannte man die Spechbacher aus demselbem Grund „Späbrenner", ein Uzname, der heute nur noch den Ältesten bekannt ist.
Warum die Spechbacher einstmals in Quellen als „Schwanzdricker" geführt wurden und was dieser heute völlig untergegangene Uzname zu bedeuten hat, ist leider nicht mehr bekannt.
Die Gegend um Spechbach und die Orte des heutigen Lobbach, Waldwimmersbach und Lobenfeld, wurden früher auch das Buffinkeland (Buchfinkenland) genannt, die Lobenfelder selbst die „Buchfinken". Der Spechbacher Dekan wurde aus diesem Grund vor Zeiten sogar ab und an „Buchfinkedekan" gerufen, weil er die Lobenfelder „Buchfinken" bis 1904 geistlich mitbetreute, da diese einst keine eigene Kirche hatten.
Als „Kiwwelschisser" waren die Spechbacher angeblich ebenfalls in früheren Zeiten bei den Nachbarn bekannt.

Mit „Kiwwelschisser" wurden in unseren Gegenden kluge Bewohner ärmerer Orte bezeichnet, die sich auf Kübel setzten, um ihr großes Geschäft zum Düngen der Felder zu verwenden.
Doch nicht alle setzten sich dazu auf Kübel: Die Neidensteiner beispielsweise sollen in „die Bach" oder gar in der alten Waibstadter Straße ihr großes Geschäft verrichtet haben.
Allerdings ist keiner dieser letztgenannten Uznamen heute mehr für Spechbach bekannt.

St. Leon – Rot   „Sandhasen"/ „Sauerkraut"

Die Bewohner von St. Leon sind in der Umgebung als „Sandhasen", „Sauerkraut" und „Grieß-knöpf" bekannt. Die wuselige Art der Bewohner des Ortes wird ihnen wohl, wie manchem Ort in der Hardt, zusammen mit den sandigen Böden der Gegend zum Uznamen „Sandhasen" verholfen haben.
Der Uzname „Grießknöpf" weist auf ärmere Verhältnisse im Ort in längst vergangenen Tagen hin. Grießknöpfe waren eine billige Mahlzeit, die satt machte, und mancher Ort nördlich von Karlsruhe trägt diesen Uznamen gemeinsam mit St. Leon bis heute. In St. Leon ist er allerdings nicht mehr lebendig und niemandem mehr bekannt.
Anders der Uzname „Sauerkraut": Seit dem Jahr 1660 wird im Ort der Sauerkrautmarkt abge-halten. War ursprünglich im Ort die Seilerei ein verbreitetes Gewerbe, so wich der Anbau von Hanf im Laufe der Zeit dem Anbau von Sauerkraut, das dem Markt und den Bewohnern des Ortes zu ihren heutigen (Neck-)Namen verhalf.
Über St. Leon und einige Orte der Nachbarschaft ist auch noch folgender Neckreim überliefert:

> „Meckese (Meckesheim)
> Mauer
> Rot
> Sankt Lee (St. Leon)
> Spitzbu, los mei Nas(e) geh!"

St. Leon – Rot   „Stallhasen"

Die Roter wurden in längst vergangenen Tagen „Stallhasen" genannt. Wie auch unter anderem in Eppelheim erinnert dieser Uzname an den Viehbestand des kleinen Mannes, die häufig ge-haltenen Geißen und Stallhasen. Letztere kosteten weder viel in Anschaffung noch im Unterhalt, so dass in auffällig vielen Höfen des Ortes Ställe mit Hasen standen und dem Ort so zu seinem Uznamen verhalfen.

Auch „Wicke-Wacke" wurden die Roter genannt und mit folgendem Neckspruch in vergangenen Tagen häufig geneckt:

> „Roter, Roter Wicke-Wacke,
> Fresse d'Eier u'gebacke,
> Schlupfe unner d'Bänk
> Un krieje ihr Fäng' (Hiebe).
> (In anderen Quellen:)
> Krieje all die Kränk'."

Als „Hosewäscher" waren sie einst bekannt, weil sie vielfach, beispielsweise bei der Musterung, weiße Hosen mit Steg getragen haben sollen, die oft und schwer zu waschen gewesen sein sollen. Dieser Uzname ist heute allerdings völlig untergegangen und nicht einmal mehr älteren Bürgern im Ort bekannt.

In manchem Ort der Umgebung waren die Roter zudem als „Dabberte" (Dummköpfe) bekannt. Der Grund für die Verleihung dieses heute nicht mehr allzu bekannten Uznamens ist leider nicht mehr überliefert.

Waibstadt   „Keeskuche"

Die Waibstädter sind weithin als „Waibschter Keeskuche" bekannt. Wie auch die Reilinger sollen die Waibstädter einst hervorragende Käsekuchenbäcker gewesen sein. Aus gutem Grund also wurde das Keeskuchefescht ins Leben gerufen und lange Jahre bis zum heutigen Tag im Ort gefeiert.

Folgende Anekdote zur Namensgebung stammt aus der 1962 im Selbstverlag erschienenen Waibstädter Ortschronik des Schulrats Karl Ziegler: Sie trug sich im benachbarten Neidenstein zu, wo der Uzname im dortigen Gasthaus zum Goldenen Adler vor langer Zeit anlässlich der Neidensteiner Kirchweih entstanden ist:

Der dortige Adler-Wirt Friedrich Ziegler hatte zur Kerwe seine Spezialität gebacken: kleine, runde Hefefladen, fingerdick mit weißem Käse belegt, das Stück zu einem Kreuzer. Vor allem die Waibstädter Kerwegänger waren stets seine besten Gäste gewesen und das Wetter war die Tage vor der Kirchweih ungewöhnlich gut, so dass der Wirt in Erwartung einer großen Gästeschar besonders viele Käseküchlen vorbereitete. Über das Kerwewochenende regnete es aber in Strömen und die Kundschaft blieb aus. Nach ein paar Tagen, als die Käseküchlein schon Schimmel ansetzten und immer noch keine Abnehmer gefunden hatten, warf der Wirt voll Zorn die bestimmt über 100 Küchlein aus dem Fenster, fluchte hinterher: „Do het ihr eiern Keeskuche, ihr Waibschter, ihr elende!" und verhalf so den Waibstädtern zu ihrem heute noch sehr bekannten Uznamen „Keeskuche".

Wegen der früher eine Zeit lang gehäuft im Ort vorkommenden und teilweise mutwillig herbeigeführten Brandfälle nannte man die Waibstädter zusätzlich „Neubrandenburger". Aus diesem Grund war es lange Zeit auch sehr gefährlich, in der Waibstädter Ortsgaststätte ein „Hebgescherr" (Hebegeschirr) auf den Tisch zu legen. Denn mit diesem von der Feuerwehr verwendeten Utensil spielte man auf die ungeklärten Brandfälle an, und das war in vergangener Zeit im Ort nicht gern gesehen. Die Waibstädter wurden zudem vormals auch „Waibschder Aiabbe", „Lelli" oder „Lalli" genannt, was soviel wie „Narren" oder „Einfältige" bedeutet haben soll. Warum allerdings gerade den Waibstädtern früher diese Eigenschaften nachgesagt wurden, ist heute leider nicht mehr überliefert.

Sah jemand nicht gut, wurde ihm in jenen Tagen auch geraten, sich die „Waibschter Stadtbrille" zu besorgen, die Waibstädter hießen aus diesem Grund früher auch „die Brillen". Andere meinen, der Uzname leite sich eher von der seinerzeit etwas lauteren Aussprache der Waibstädter ab und bedeute „Brüllen".

Wie die Waibstädter zudem einst zu ihrem heute nicht mehr bekannten Uznamen „Elke" kamen, ist nicht mehr auszumachen.

Als Neckvers ist aus längst vergangenen Tagen für Waibstadt erhalten geblieben:

> „Wer in Waibstadt ungeuzt,
> Und in Naidenstein ungeduzt,
> Wer durch Eschelbrunn kommt ungeschlagen,
> Der kann von Glück un Wunner sagen."

Waibstadt – Daisbach „Hutschä" / „Käsleiblen"

Die Daisbacher wurden früher wegen der erfolgreich betriebenen Pferdezucht und die dadurch besonders zahlreich im Ort vorkommenden Fohlen „Hutschä" genannt. Bis vor dem Ersten Weltkrieg gab es im Ort eine Hengststation, auf der überwiegend belgische Kaltblüter gezüchtet wurden, die für die Landwirtschaft sehr nützlich waren. „Hutschä" steht in unserem Sprachraum und auch in Südfranken mundartlich für Fohlen und leitet sich wohl vom mittelhochdeutschen Wort „hutsch" ab, was „rascher Schwung in die Höhe" bedeutet.

Andere sagen, der Uzname soll sich aus dem aufmunternden Zuruf an das Gespann und aus dem Wort „Kutsche" vermischt haben, so zumindest wird der Uzname heute anderen Quellen nach von älteren Daisbachern zu erklären versucht.

Auch als „Bolle" (plump, dick) wurden die Daisbacher tituliert, man spielte damit wohl auf die stattliche Leibesfülle oder auf die plumpe Art einiger Daisbacher an, die mit ihren Körpern oder ihrer Art ihrem Ort so zu einem weiteren Uznamen verholfen haben.

Manche behaupten, der Uzname könne sowohl „Bolle" als auch „Wasserbolle" lauten und komme von den ehedem noch täglich benutzten Brunnen. An der Querstange des Brunnens hing meistens an einem Seil der „Bolle". So nannte man das Gefäß, mit dem sich das Wasser schöpfen ließ.

Ältere Dorfbewohner erinnern sich, die Daisbacher hätten einst mit einem „Bolle" zur Kirche geläutet und seien so zu ihrem heute nur noch wenigen Einwohnern bekannten Uznamen gekommen.

„Wasserbolle" nannten auch die Neidensteiner die Daisbacher und behaupteten, aus Daisbach käme der Regen, was Anlass für die Verleihung des Uznamens von Neidensteiner Seite gewesen sein soll.

Wie etliche ihrer Nachbarn waren die Daisbacher auch als „Kübelscheisser" bekannt. Da damals häufig nicht genug Mist als Düngemittel vorhanden war, setzten sich nicht nur in Daisbach kluge Bauern gerne statt auf die Grube direkt auf Kübel, die dann ohne Umweg über den Abort direkt auf die Felder zum Düngen ausgebracht werden konnten.

Eine wahre Schildbürgertat wird den alten Daisbachern aus lang vergangenen Tagen zudem nachgesagt:

„Käsleiblen" wurden sie früher angeblich deshalb genannt, weil sie einst versucht haben sollen, den Käselaib, der nachts am Himmel strahlt, mit Stangen herunter zu holen, um sich daran gütlich zu tun. Heute ist dieser Uzname allerdings nicht mehr bekannt.

Die Daisbacher Mädchen wurden mit folgendem Neckvers in vergangener Zeit geneckt:

„Die Daischbacher Mädle,
Hewe Strouhütlin uff,
Schlipflin an der Seite,
Do steht Lumbemensch druff!"

Walldorf   „Störch" / „Wasserberzel"

Die Walldorfer sind als „Störch" bei ihren Nachbarn bekannt. Zum sommerlichen Dorfbild gehörten hier die Störche und ihre Nistplätze auf Gebäudedächern. Feuchtwiesen und die Bäche der

Hardt in der Nähe boten in der Umgebung reichliche Nahrungsquellen. Heute erinnert in Walldorf nur noch der Uzname an diese längst vergangene Idylle, das letzte Storchenpaar hat die Stadt nach Überlieferung im Sommer 1967 verlassen.

Auch als „Wasserberzel", also „Wasserärsch", waren die Walldorfer vor Zeiten bekannt. Von einem solchen spricht man bei Kartoffeln, die im Sommer „nachgewachsen" sind und die glänzende, glatte Anwüchse tragen. Es ist bekannt, dass, wenn die fast abgestorbene Kartoffelpflanze bei Regenfällen nochmal neue Triebe bekommt, sandige Böden auch solche seltsamen Gebilde entstehen lassen. Das fiel irgendwann einmal einem auf Besuch weilenden Bauern der Nachbarschaft auf und dieser hängte – heimgekommen – den Walldörfern unter dem Gelächter seines Dorfes diesen Uznamen an. Vielleicht sollte auch so unterstellt werden, dass ein gewisser Körperteil der Walldorfer solchen Kartoffeln ähnelte. Dieser Uzname genießt heute allerdings einen geringeren Bekanntheitsgrad als der erstgenannte.

Auch neckte man die Walldorfer einst mit folgendem Neckspruch:

> „Walldörfer Ratze
> Hocke uff de Katze,
> Sitze uff de Bänk,
> Kriege all die Kränk."

Wenn ein gutes Hopfenjahr war, pflegten die Walldorfer einst zu sagen: „Unser Geld wird gar net all, hawe mer kans, so kriege mer ball." War das Hopfenjahr aber ein schlechtes, so hieß es: „Unser Geld will gar net lange für die deure Hopfestange."

Weinheim   „Krauthaawlschissa"

Die Weinheimer waren und sind bis auf den heutigen Tag im Umland als „Krauthaawlschissa" bekannt. Sie wurden angeblich deshalb so genannt, weil sie ihre Notdurft, wenn sie bei der Arbeit auf den Feldern waren, auf ihre „Krauthaawel" (Krautköpfe, vom hochdeutschen „Häuptel" als Ausgangswort) verrichtet haben sollen.

Vielleicht deutet der Name aber auch aus Sicht der ländlichen Nachbarn auf eine gewisse Großspurigkeit der alten Weinheimer hin, wie Dr. Schmitt in der neuesten Auflage seines Weinheimer Wortschatzes aus dem Jahr 2001 vermutet. Zwar waren diese nie über die Maßen begütert, aber aus Sicht der Odenwälder, die immer ärmer und bescheidener waren, mag die Art der Weinheimer so gewirkt haben.

An selber Stelle findet sich auch ein Spottvers auf die Weinheimer Mädchen, der auf die amtlicherseits einst zugelassenen Tage anspielt, an denen in den Wäldern Holz gesammelt werden durfte:

> „Die Weinemer Mädcher,
> Die sin jo sou stolz.
> Mittwochs un samstags
> Do gehn se ins Holz.“

Bis zum Ende des vorvergangenen Jahrhunderts gerbte man auch in Weinheim noch mit der aus Eichenrinde gewonnenen Lohe. Die ausgebrauchte Lohe wurde in gepresster Form zum Heizen verwendet und ersetzte die Briketts. Die gepresste Lohe hieß „Louhkäs“. Sie wurde mit den Füßen wie beim Weinpressen von den Buben des Ortes in Eisenformen gepresst und dann getrocknet. Diese Tätigkeit hieß „Louhkäs tripple“. Meistens verdienten sich die Buben, die „Louhkästrippler“, damit einige Pfennige. So wurden die Weinheimer mit der Zeit auch als „Louhkästrippler“ bekannt. Dieser Uzname hat sich heute allerdings fast verloren.

Ehemals nannte man die Weinheimer auch noch „Garschtebickel“ (Gerstenbuckel). Dieser Uzname ist heute völlig in Vergessenheit geraten und stammt aus Zeiten, in denen angeblich einmal sehr viel Getreide an den Abhängen in der Umgebung der Stadt angebaut worden sein soll. Diese von Prof. Kahle angeführte Begründung wird allerdings von Weinheimer Historikern heute, sowohl aus etymologischer als auch aus geographischer Sicht, für falsch angesehen. Wahrscheinlich wurde er einst den Bewohnern des Hintergässer Viertels wegen der auffallenden Aussprache verliehen.

Die Leute aus der Hintergasse, dem nördlichsten Teil Weinheims, wurden von den „Städtern“ wegen ihrer Rückständigkeit „Algierer“ (mit Betonung auf der ersten Silbe; bedeutet wahrscheinlich Algerier) oder auch „Sauerkrautwärmer“ genannt. Das Hintergässer Viertel, das älteste der acht ursprünglichen Weinheimer Stadtviertel, umfasste das gesamte bebaute Stadtgebiet nördlich der Weschnitz. Der Landesname Algeriens sollte eine relative (kulturelle) Abgeschiedenheit der Bewohner dieses Stadtteils vom restlichen Teil der Stadt ausdrücken, da es bis in die Neuzeit überwiegend als von Bauern bewohnt galt. Auf die Armut in diesem Stadtviertel weist der andere überlieferte Uzname hin. So mussten die „Sauerkrautwärmer“ ihr Essen aus Geldnot für eine weitere Mahlzeit erneut aufwärmen.

Ihnen wurde auch nachgesagt, „jenseits der Beresina“ zu wohnen. In Erinnerung an Napoleons Rückzug aus Russland über die Beresina, der am 28. und 29. November 1812 stattfand und an dem auch viele Badener beteiligt waren, wird die Weschnitz für diesen russischen Fluss gesetzt und soll auch hier die Abgeschiedenheit der Bewohner von westlicher Kultur ausdrücken.

Anders beim Weinheimer Prankel: Die Bewohner dieses sogenannten Viertels galten als begüterter als die restlichen Bewohner der Stadt, es waren überwiegend Beamte und Lehrer. Weil sie sich, um ihr Haus abbezahlen zu können, nur Marmelade auf das Frühstücksbrot leisten konnten, nannte man das Viertel schnell „Musebrodverdel", ein Name, der sich für den Stadtteil bis heute gehalten hat und vielleicht eine scherzhafte Übertreibung darstellt.

Wegen der in der Gegend der Gabelsberger Straße wohnenden zahlreichen Mitglieder der KPD nannten man die Gegend früher auch „Klaa-Moskau", was sich als Uzname heute allerdings fast vollständig verloren hat.

———••◆••———

Weinheim – Hohensachsen   „Klein-Paris"

Um die nie sonderlich begüterten Bewohner des Ortes zu konterkarieren, nannte man Hohensachsen einstmals liebevoll-spöttisch „Klein-Paris", was heute allerdings fast niemand mehr bekannt ist.

Ebenfalls waren sie vor Zeiten in der Umgebung als „Italiener" bekannt. Die Benennung geschah wohl nach italienischen Erdarbeitern, die früher vielfach in unsere Region geholt wurden und die beim Aufbau größerer Bauvorhaben stets wertvolle Dienste leisteten. So nannte man in Mittelbaden (vgl. Karlsruhe-Altstadt) vielfach den ärmsten Stadtteil „Kalaberich", was die Bedeutung des erstgenannten Necknamens unterstreicht. In Nordbaden war diese Namensgebung allerdings nicht weitverbreitet und in Hohensachsen ist dieser „südländische" Neckname, im Gegensatz zu Karlsruhe, mittlerweile vollständig in Vergessenheit geraten.

Wie auch die Bewohner der anderen beiden „Sachsenorte" Lützelsachsen und Großsachsen waren die Bewohner Hohensachsens seit alters her als „Kerscheknewwel" bekannt, heute hat sich dieser Uzname hier allerdings verloren und steht alleine für Lützelsachsen.

Die Hohensachsener wurden von ihren Nachbarn einst auch „Ratzen" genannt. Vielleicht wurden die Bewohner von Hohensachsen mit dem einst weitverbreiteten Wanderspottvers:

> „X-bacher Ratze,
> Reide uff de Katze,
> Reide uffm Scheierdoor,
> X-bacher Lumbechor."

geneckt, und der Uzname „Ratzen" blieb so an ihnen hängen? Heute ist der Uzname im Ort nicht mehr bekannt.

———••◆••———

Weinheim – Lützelsachsen   „Kerscheknewwl"

Die Lützelsachsener wurden von ihren Nachbarn die „Saasemer Kerscheknewwl" genannt: Den Uznamen bekamen sie angeblich wegen einiger besonders praktisch veranlagter Marktfrauen, die ihre Kirschen angeblich zu kleinen, handlichen Bündeln zusammengebunden und so auf dem Mannheimer Markt verkauft haben sollen. Andere Quellen behaupten, einst hätte einmal ein besonders schlauer Obstbauer die Kirschen in einen Korb hineingeknebelt (d. h. gedrückt), um mehr von ihnen in den Korb zu bekommen und habe dem Ort so zu seinem Uznamen verholfen.

In früherer Zeit galt dieser Uzname für alle drei „Sachsenorte" gemeinsam, heute tragen ihn die Lützelsachsener alleine.

Mit folgendem Neckspruch wurden die Frauen von Lützelsachsen vormals zudem gerne von Weinheimern geuzt:

> „Hinkel, Ente, Gäns und Hase (seltener auch Gaase),
> Alles, blouß kaa Fraa vun Saase!"

was heute allerdings von den genannten Lützelsachsener Frauen gerne in: „…. alles <u>un</u> ä Fraa vun Saase!" umgewandelt wird.

❖

Weinheim – Oberflockenbach „Ratze" / „Graf Deifel"

Wie auch die Hohensachsener Nachbarn waren die Oberflockenbacher einstens als „Ratze" bei den Nachbarn in der Umgebung bekannt. Der Neckvers, der von diesem Uznamen zeugt, ist auch schon bei Hohensachsen genannt. Lediglich der Ortsname „Flockebächer" ist noch zu ergänzen.

Im Gegensatz zu Hohensachsen ist der Neckname für Oberflockenbach in der Umgebung noch bekannt.

Auch als „Schimmischleischer" waren einige Oberflockenbacher besonders in den zwanziger Jahren des vergangenen Jahrhunderts bekannt. Nach Aussage von Zeitzeugen gab es im Ort eine Gruppe Modebewusster, die spitze, lackierte Herren-Halbschuhe, „Schimmis" (zu e. shimmy = Schütteltanz, Gesellschaftstanz der 1920er Jahre) genannt, trugen. „Schimmiefridse" nannte man damals elegant tuende Gecken. Allerdings war der Name nur für eine Zeit im Ort bekannt und ist heute vollständig untergegangen.

Zu Unterflockenbach, das seit 1971 zur Gemeinde Grundelbachtal gehört, sagte man seit langem „Kreizköpp", was auf einst überwiegend katholische Bewohner des hessischen Ortes schließen lässt. So nannte man früher das Grundelbachtal wegen der katholischen Gesinnung seiner Einwohner generell „Herz-Jesu-Tal". Ob sich die Unterflockenbacher ihrerseits mit „Lutherköpp" bei den Oberflockenbachern revanchiert haben, wie es auch aus anderen Gemeinden, beispielsweise zwischen Altlußheim und Rheinhausen, in dieser Form als Erwiderung bekannt ist, ist leider nicht überliefert. Auf die neugierige Frage, wo man war oder wo man hingehe, konnte man seit langem auch die Antwort bekommen: „Zum Graf Deifel", denn man sagte früher in Weinheim auch von aufgetakelten Menschen: „Der kimmt doher wie de Graf Deifel vun Owerflockebach". Ob der Volksmund den Wohnsitz des Graf Deifel wegen des damals im Ort mehrfach vorkommenden Familiennamen Teufel nach Oberflockenbach verlegt hat, ist heute leider nicht mehr bekannt.

Weinheim – Rippenweier „Schlackel" / „Bettzieche"

Die Bürger von Rippenweier waren in der Umgebung und besonders in Oberflockenbach, mit dem man sich seit jeher gern neckte, als „Schlackel" oder „Bettzieche" bekannt. Ein „Schlackel" bezeichnet einen langen, übergroßen, besonders kräftigen Menschen, kann aber auch einen Gegenstand, beispielsweise ein erfreulich groß geratenes Naturprodukt, z. B. Fisch oder Feldfrüchte, bezeichnen. Ob es einstmals in Rippenweier viele Einwohner solcher Gestalt gab oder was sonst dem Ort zu seinem ersten Uznamen verholfen haben könnte, ist leider nicht überliefert.

Der Ortsneckname „Bettzieche" zeugt vom in vergangenen Tagen weit im Ort verbreiteten Handwerk der Leinenweber. Früher gab es viele Leinweber in Rippenweier, die im Winter, überwiegend in Heimarbeit, meistens Stoffe für Bettbezüge herstellten. Diese Bettbezüge dienten aber neben ihrem eigentlichen Verwendungszweck oftmals auch als Transportmittel, was den Rippenweierern eventuell auch zu ihrem Necknamen verholfen haben könnte. So kamen die Bewohner des Ortes mit der Zeit zu ihrem weiteren Necknamen „Bettzieche". Ältere Bewohner des Ortes wurden noch in ihrer Schulzeit mit diesem Necknamen geuzt, heute ist er leider fast in Vergessenheit geraten.

Weinheim – Rittenweier   „Stallmauser"

Die Rittenweierer waren einst als „Stallmauser" in der Umgebung bekannt. Anscheinend wurden in früheren Zeiten in Rittenweier auffällig viele Mägde schwanger und als Tatort überwiegend der Stall identifiziert, weshalb die Rittenweierer einstmals den heute nur noch den Ortsältesten bekannten und ansonsten völlig in Vergessenheit geratenen Necknamen „Stallmauser" getragen haben.

Weinheim – Sulzbach   „Krabbe"

Die Sulzbacher sind bis auf den heutigen Tag als „Krabbe" bekannt. Viele Dörfer hatten früher diesen Uznamen, der sich wahrscheinlich auf die einst in armen Orten weit verbreitete Sitte bezog, ab und an zu besonderen Tagen einen „Krabb" (mundartlich für „Krähe" oder „Rabe", den es allerdings in unserer Gegend nicht gibt) als Braten zu verzehren. Heute sind diese Vögel aber, nicht nur in Sulzbach, wieder vor dem Ofen sicher und die Sulzbacher haben festlichere Sonntagsessen als Krähenbraten auf den Tischen.

Von dieser kulinarischen Vorliebe künden noch heute folgende Verse, die in den dreißiger Jahren des vergangenen Jahrhunderts schriftlich festgehalten wurden:

„Sulzbacher Krabbe,
Mit Öl gebacke,
Mit Essig gedämpft,   und
An Galge gehängt,
Runnergezerrt,
Ins Maul nei gesteckt."

„Sulzbacher Krabbe,
Reite uf de Kappe,
Reite ufm Scheuertor,
Sulzbacher Krabbechor."

Wahrscheinlich aus demselben Grund heißen ebenfalls die Bewohner von Waldprechtsweier, Ruit und Ittersbach im Landkreis Karlsruhe neben anderen Übernamen auch „Krabbe".

Eine weitere Entstehungslegende berichtet, die Sulzbacher seien zu diesem Uznamen durch die Lage ihres Ortes gekommen. Es kann sein, dass sich an den Weinbergen am Rande des Ortes, die erhöht liegen, öfter als anderswo Krähenschwärme gesammelt hatten. Das große Vorkommen von Krähen habe dem Ort so zu seinem Uznamen „Krabbe" verholfen.

Einen eigentümlichen Kerwebraten sagte man zudem den Sulzbachern nach. Sie holten sich dazu angeblich aus dem Steinbruch über dem Ort alljährlich eine große Schnake. Man fragte sie daher höhnend: „Ist der Weg in den Steinbruch auch gut? Gibt die Schnake auch recht saftigen Schunken?"

Auch als die „Salzdunker" kannte man die Sulzbacher seit langem. Dieser Uzname weist, wie schon die „Krabbe", auf die große Armut der ehemaligen Sulzbacher Bürger hin. Sie tunkten ihr ärmliches Mahl, in aller Regel nichts außer Quellkartoffeln, in Salz ein, um wenigstens etwas Geschmack in die Mahlzeit zu bekommen. So wurden die Sulzbacher auch als „Salzdunker" bekannt. Den Uznamen tragen sie gemeinsam mit dem Uznamen „Krabbe" bis auf den heutigen Tag.

Wiesenbach   „Sainäwwl"

Die Wiesenbacher werden mit dem Necknamen „Sainäwwl" geuzt. Böse Zungen behaupten, dies solle daher kommen, weil die Frauen des Ortes besonders zur Kerwezeit die Kuchenbleche mit Schweinsnäbeln (Speckbrocken) eingefettet und so ihrem Ort zu seinem Uznamen verholfen hätten. Dies ist zwar nicht völlig auszuschließen, der eigentliche Grund aber scheint vielmehr aus folgendem Umstand zu resultieren:

Wiesenbach war einst ein reines Bauerndorf. In jedem Haushalt wurden ein oder zwei Schweine gehalten, von deren Schlachtung man wieder eine Zeit leben konnte. So wurde alles vom Schwein verwendet und verarbeitet, um nichts zu vergeuden. Der „Sainawwel" (Bauchnabel des Ebers mit daran hängendem Geschlechtsteil und Samenstrang) wurde am Scheunentor zum Trocknen aufgehängt und diente jedem Bauern im Ort zum Fetten der Stall- und Feldgerätschaften im alltäglichen Betrieb. So hing an jeder Scheunentür im Ort ein Saunabel, was die Bewohner der umliegenden Ortschaften wahrscheinlich in Verbindung mit der eingangs erwähnten Geschichte veranlasst hat, alle Wiesenbacher zu „Sainäwwel" zu machen.

Wiesloch   „Stehkrääje"

Für die Bevölkerung der Wiesloch umgebenden Gemeinden stellte der Gang zu den in früheren Tagen oftmals nicht sehr bürgerfreundlich veranlagten Beamten der Großherzoglichen Behörden, die in Wiesloch ansässig waren und mehr als ein Dutzend Gemeinden im Umkreis verwalteten, meist etwas durch und durch Bürokratisches und Alltagsfremdes dar. Dem Bittsteller vom

Lande stach besonders der Stehkragen des Beamten mit der gebundenen Schleife ins Auge. Als „Stehkrääje", dem Kennzeichen des Beamten schlechthin, wurden die Wieslocher, die nach und nach diese städtische Mode von den Beamten übernahmen, früher im bäuerlich geprägten Umland bekannt. Gerne behaupteten die Walldorfer, mit denen die Wieslocher immer in freundschaftlichem Streit verbunden waren: „In Walldorf kumme'd Kinner nagged uff'd Welt, in Wiesloch hewwe se glei Schdeekrääje".

Ein öffentlicher Anlass für den Necknamen soll die Gründung eines zweiten Gesangsvereins für die sogenannten besseren Stände gewesen sein, in dem diese (selbständige Handwerker und Beamte, die auch den Stehkragen trugen) ihre Lieder schmetterten. Anders als den nachstehenden weiteren Uznamen „Krauthaawlschissa" tragen die Wieslocher ihren Necknamen „Stehkrääje" noch heute.

Die Wieslocher wurden in vergangenen Zeiten wegen des Anbaus und bevorzugten Verzehrs von (Weiß-)Kraut ebenfalls zu „Krauthaawlschissa" gemacht. Ein weiterer, besonderer Anlass für die Verleihung dieses Uznamens ist heute leider nicht mehr überliefert.

Wiesloch – Altwiesloch   „Bierekuche"

Wegen des Birnenkuchens, den die Altwieslocher alljährlich zu ihrer Kirchweih buken, kamen die Bewohner des ganzen Ortsteils, der früher als eigenständiger Ort galt und erst spät nach Wiesloch eingemeindet wurde, einstmals in den Genuss des Uznamens „Bierekuche" oder „Biirekuche", der zusätzlich sogar zum Namenspaten für die Kerwe wurde: diese wurde in Altwiesloch „Biirekuchekerwe" genannt. Noch heute sind die Altwieslocher in der Umgebung unter diesem Necknamen bekannt.

Wiesloch – Baiertal   „Brückahossla"

Wie auch die Rohrbacher hielten sich die Baiertaler in längst vergangenen Zeiten nach getaner Arbeit gerne an warmen Sommerabenden und am Sonntag nach der Kirche auf der großen Brücke im Ort auf und ließen ihre Füße baumeln. Fremde und einheimische Passanten sorgten immer für Abwechslung. Die „Brigg" war Treffpunkt für Männer und auch für die Jugend. Von diesem Zeitvertreib nach Feierabend zeugt noch heute der Baiertaler Uzname „Brückahossla" (Brückenschaukler, Brückenhocker).

Doch waren es dem Volksmund nach wahrscheinlich eher die Arbeitslosen, die dem Ort zu seinem Necknamen verhalfen: Sie sollen sich einst tagsüber, statt sich um Arbeit zu bemühen, auf der Brücke getroffen und die Bewohner der Nachbargemeinden dazu verleitet haben, die Baiertaler zu „Brückahossla" zu machen.

Weil die Baiertaler einstmals den Badischen Großherzog mit „Vivat Hoch, Baiertal!" anstelle von „Vivat hoch, der Großherzog!" gefeiert hatten, wurden sie bald auch von ihren Nachbarn als „Vivat Hoch" bezeichnet, ein Uzname, der mittlerweile aber völlig in Vergessenheit geraten und nur noch in alten Aufzeichnungen zu finden ist.

Wiesloch – Frauenweiler   „Negerdorf"

Trotz seines erst geringen Alters, Frauenweiler wurde 1937 als Siedlung in der Nähe einer untergegangenen und viel älteren Siedlung gleichen Namens wiedererbaut, hat der heutige Ortsteil von Wiesloch einen eigenen Uznamen. Nicht nur die Jugend von Wiesloch nannte Frauenweiler damals das „Negerdorf", um damit auf angeblich seltsame und wilde Bewohner der Siedlung hinzuweisen. In den ersten zwei Jahrzehnten des Bestehens der Siedlung war Frauenweiler eine reine Arbeitersiedlung, was Anlass für die üble Nachrede gewesen sein könnte. Heute ist dieser Uzname nur noch den älteren Bewohnern bekannt, weitere Uznamen existieren aufgrund des geringen Alters der Siedlung nicht.

Wiesloch – Schatthausen   „Schatthaiser Essl"

Die Schatthausener sind seit langem als „Schatthaiser Essl" bekannt. Zur Herkunft des Uznamens gibt es verschiedene Erzählungen:
Während die einen behaupten, Schatthausen sei zu seinem Uznamen gekommen, weil die Bewohner angeblich einmal einen Esel vom Fuhrwerk der freiherrlich von Gölerschen Kinder genommen,

geschlachtet und verspeist haben sollen, behaupten andere Quellen, die geduldigen und friedfertigen Bewohner des Ortes hätten einst bei einem Streit mit dem Grundherrn klein beigegeben. Zu jener Zeit waren Mauer und Schatthausen unter derselben Grundherrschaft. Bei besagter Entscheidung sollen sich die Bewohner von Mauer erfolgreich dem Grundherrn widersetzt haben, während die Bewohner von Schatthausen mit einem „i-a" (dem Eselslaut also) zugestimmt, damit klein beigegeben hätten und so zu ihrem Uznamen gekommen seien. Sie seien weiter aufgrund ihrer Zustimmung auch fortan die Dummen gewesen – die „Essl" also. Wagten sich in der Folgezeit auswärtige Jugendliche mit dem Zipfel eines Taschentuch aus der Hosentasche hängend durch den Ort, war ihnen eine Tracht Prügel sicher!

Eine weitere Version der Entstehungsgeschichte wird in Baiertal erzählt:

Ein fahrender Gemüsehändler sei mit seinem Pferdegespann von Baiertal nach Schatthausen gekommen. Auf seinem Wagen habe er Kürbisse geladen, die damals in Schatthausen noch nicht bekannt gewesen sein sollen. Nach der unbekannten Ware befragt, antwortete der Händler, es handle sich um Eselseier. Man müsse sich nur daraufsetzen und sie ausbrüten. Ein mutiger Schatthäuser soll sich der Legende nach ein Eselsei erworben und es den Störchelberg hinaufgerollt haben. Aus Unachtsamkeit soll ihm aber der Kürbis entglitten und an einem Grenzstein zerschellt sein. Ein durch den Lärm aufgeschreckter Hase soll daraufhin das Weite gesucht haben. Der Schatthäuser Bauer aber soll ihm nachgerufen haben: „Halt, Essele, do isch doin Vadder!" und so seinem Ort nach dritter Erzählart zu seinem heute noch bekannten Uznamen verholfen haben.

Der Zeitzeuge Georg Gropp, einst Ortsvorsteher von Schatthausen, erinnert sich: „Die Briggehossler (Baiertal) hewwe uf de Schatthaiser Kerwe immer ihr Daschedischer mit Esslsohre raushenke ghadd. Des hewwe sich die Schatthaiser net gfalle glossd, drum hots Hibb gewwe. Mer hot druffgwesche, dass widder Ruuh gwesd isch bis zu de nägschde Kerwe."

Wilhelmsfeld   „Hånnickel" / „Rennebriggl"

Die Wilhelmsfelder wurden die „Hånnickel" genannt. Der Uzname leitet sich wahrscheinlich vom früher häufig vorkommenden Vornamen „Johann Nikolaus" ab, der sich mit der Zeit zu „Hånnickel" verschliffen hat. Mit diesem Necknamen wurden sie als ein besonders zäher, eigensinniger und derber Menschenschlag gekennzeichnet, als Menschen mit Eigenschaften, die man zu jener Zeit für das nicht immer leichte, raue Leben in einem abgelegenen Odenwalddorf sicherlich benötigt hat. Den Uznamen teilen sie mit den Schriesheimern und den Bewohnern von Stadecken in Rheinhessen, denen man mit diesem Uznamen Einfältigkeit und Hang zum Zorn nachsagen wollte. Zudem belegte man einst generell die Odenwälder mit diesem Uznamen.

Aber nicht nur als „Hånnickel" werden die Wilhelmsfelder geneckt. Im Laufe der Jahre haben sich einige Necknamen angesammelt, die von Ort zu Ort variieren und fast alle heute noch erhalten sind: „Rennebriggl" nannte man die Wilhelmsfelder, weil sie einst Eichenrinde an die Weinheimer Firma Freudenberg lieferten. So hießen die etwa armdicken Eichenstockausschläge von ca. 10–15 cm Länge, die bei der Gewinnung von Eichenrinde für Gewerbezwecke anfallen. Mit dem Brei aus der gemahlenen Rinde („Renne") der Eichenäste („Briggl") wurde dann in den Freudenbergschen Werken Leder gegerbt. Die „Rennebriggl", andernorts auch „Schälprügel" oder „Klapperprügel" genannt, waren als Brennmaterial außerordentlich beliebt und galten als bestes Heizmittel für Bäcker. Dieser Uzname ist heute noch älteren Einwohnern bekannt.

Von Eiterbach her nennt man die Wilhelmsfelder bis heute die „Hewwl", was die Bewohner von Wilhelmsfeld als grobe und raue Kerle bezeichnen sollte. So gesehen ist dieser Uzname eine Analogie zum erstgenannten Necknamen „Hånnickel".

Bedingt durch die Lage am und auf dem Berg nannte man die Wilhelmsfelder von Altneudorf aus auch die „Radschuh". So nannte man die Holzklötze, die man den Wagenrädern unterschob, bevor die heutigen Bremsmethoden entwickelt wurden und auf denen die Wagen dann gebremst gen Tal rutschten. Auch dieser Uzname ist noch heute für Wilhelmsfeld bekannt und gebraucht.

Als „He'bische" (mundartlich für Hainbuche) wurden die Wilhelmsfelder auch noch einst geneckt. Dieser ebenfalls noch bekannte Uzname soll einst entstanden sein, weil der Wilhelmsfelder Menschenschlag ebenso zäh wie das Holz der Hainbuche gewesen sein soll, was wiederum zu den „Hånnickel" passt.

Diese drei Necknamen sind die heute noch im Ort bekannten, während die nachfolgenden Uznamen nicht mehr allzu bekannt sind:

So nennen die Schönauer die Wilhelmsfelder „Messerstecher" und „Rauchschwalbe". Der Uzname „Messerstecher" ist durch die rauen Sitten in den Dörfern in früherer Zeit leicht erklärbar, auch die Hambrückener im Landkreis Karlsruhe tragen diesen Ortsnecknamen noch heute.

Allerdings wird dieser Uzname nur in den Gemeinden um Wilhelmsfeld herum erwähnt, im Ort selbst wird die Existenz des Uznamens vehement bestritten und ist mit gebotener Vorsicht zu genießen.

Der zweite Uzname „Rauchschwalben" bereitet schon größere Erklärungsprobleme.

Möglich erscheint die Erklärungsherleitung wie in Waldbronn-Reichenbach im Landkreis Karlsruhe, wo von den Frauen im Ort berichtet wird, sie seien abends wie die Rauchschwalben in die Orte der Umgebung ausgeströmt, um die in Heimarbeit zum Nebenerwerb gefertigten Produkte zu verkaufen.

Da das Leben in Wilhelmsfeld einstmals nicht das einfachste war und Geld mit Sicherheit nie im Überfluss vorhanden war, kann diese Möglichkeit der Entstehung nicht ausgeschlossen werden. Auch möglich erscheint die Herleitung von Vögeln, die es vielleicht einstmals auf der Wilhelmsfelder Anhöhe mehr als in den Orten der Umgebung gab?

Leider ist heute nicht mehr mit Gewissheit zu sagen, wie die Wilhelmsfelder zu ihrem Uznamen „Rauchschwalben" kamen.

Auch mit dem Besenbinden scheinen sich die Wilhelmsfelder vormals ein Zubrot verdient zu haben, findet sich doch in alten Quellen der Hinweis, „sie tanzen mit ihrem Bessemgeld".

Zuzenhausen   „Briggehossler"

Als „Briggehossler" sind die Zuzenhausener in der Vergangenheit wohlbekannt gewesen. Die Brücke über die Elsenz liegt mitten im Ortskern und war bei Jung und Alt ein beliebter Treffpunkt. So verhalf die Dorfbrücke den Zuzenhausenern wie auch den Baiertalern, Neckarbischofsheimern und Rohrbachern zu ihrem heute noch bekannten Uznamen, den „Briggehossler".

Folgender Umstand verhalf den Zuzenhausenern zu einem weiteren, heute allerdings nicht mehr bekannten Uznamen:

Im Jahre 1834 zerfiel der Ort aus heute nicht mehr bekannten Gründen in zwei feindliche Parteien, die sich gegenseitig mit „Russen" und „Polen" neckten, wie sich in alten Quellen nachlesen lässt.

Register der Uznamen

Quellen- und Literaturverzeichnis

BRÄUTIGAM, Kurt und LEHR, Rudolf; Daheim, Karlsruhe 1986

BRÄUTIGAM, Kurt; So wird bei uns geredd, Mannheim 1989

DEPENAU, David; Von Dohlenatze und Schwarzbückel, Karlsruhe 2001

DEPENAU, David; Von Dohlenaze, Holzlumpe und Milchsäule. Die Necknamen in Stadt und Landkreis Karlsruhe, Ubstadt-Weiher 2001

FREI, Karl; Schbrooch un Schbrisch, Schwetzingen o. J.

GEHRIG, Franz; Hilsbach – Chronik der höchstgelegenen Stadt im Kraichgau, 1979

HEILIG, O. Prof.; Die Ortsnamen des Großherzogtums Baden, Karlsruhe 1906

HERWIG, Eugen und SCHUMANN, Karl; Schriesemerisch für Schriesemer, Schriesheim

HOLZAPFEL, Otto und SCHUSSER, Ernst; Auf den Spuren von Augusta Bender und Elisabeth Marriage am Rande des Odenwalds, München 1998

HOPPE, Reinhard; Dorfneckereien am unteren Neckar; Kurpfälzer Land un Leit un Lewe IV, Hrsg. von Rudolf Lehr, 1964

HOPPE, Reinhard; 750 Jahre Ziegelhausen, Ziegelhausen 1970

HOPPE, Thilde; Ortsneckereien, Hörszene zur Matinée am 1.1.95, Heidelberg-Ziegelhausen 1995

KAHLE, Bernhard Prof. Dr.; Ortsneckereien und allerlei Volkshumor aus dem Bad. Unterland, Heidelberg 1907

KIENLE, Edmund; Uznamen und Ortsneckereien; in:10 Jahre Hexenzunft Eppingen e. V., 1979

KOCH, Hans-Jörg; Blarrer Zappe Leddeköbb, Ortsneckereien aus Rheinhessen; Alzey 1984/1996

KURZ, Manfred und MOHR, Helmut; Wiesloch in alten Bildern, Ubstadt 1996

LEHR, Rudolf; Schönes Nordbaden, Karlsruhe 1991

LEHR, Rudolf und HAIN, Bruno; Do sin mer dehääm, Schwetzingen 1993

LEHR, Rudolf und SCHICK, Paul; Bloomailer, Stehkrääje, Kiwwelschisser, Heidelberg 1996

LEHR, Rudolf und SCHICK, Paul; Kurpfälzer Anekdoten, Schwetzingen 1995

LEHR, Rudolf und SCHICK, Paul; Kurpfälzer Köpfe, Schwetzingen 1999

LEHR, Rudolf und WAIBEL, Paul; Muddersprooch, Band 1, 2. Auflage, Karlsruhe 1980

LEHR, Rudolf und WAIBEL, Paul; Wie mer redde un schwätze, Muddersprooch Band 2, Karlsruhe 1980

LENZ, Philipp; Sprichwörter aus Handschuhsheim, in: Handschuhsheimer Nachrichten, 1977

LINIER, Horst; Jubiläumsbuch zum 25. jähr. Jubiläum der „Hilschbacher Kerweborscht" von 1995

MACHAUER, Anton; Kraichgau, Beiträge zur Landwirtschafts- und Heimatforschung, Folge 11, 1989

PFAFF, Friedrich Prof. Dr.; Blätter des badischen Vereins für Volkskunde (VII), Freiburg im Breisgau 1908

SCHMITT, Heinz Dr.; Weinheimer Wortschatz, Weinheim, Auflage 1981und 2001

SCHMITT, Heinz Dr.; private, nicht veröffentlichte Aufzeichnungen über Uznamen ab 1971

SCHMITT, Heinz Dr.; Rundfunkbeitrag für das Samstagsmagazin, 20.03.1971

UMMINGER, Gernot; Ortsneckereien im Kraichgau, Heimatforschung im Landkreis Sinsheim, 1972

VÖGELY, Ludwig; Kraichgau: Beiträge zur Landwirtschafts- und Heimatforschung, Folge 10, 1987

VÖGELY, Ludwig; Das Leben im Kraichgau in vergangener Zeit, Ubstadt-Weiher 1997

VOLK, Franz; Oftersheim, Ein Dorf und seine Geschichte, Mannheim 1968

WÜST, Günther Dr.; Ortschronik Waldhilsbach, Buchen-Walldürn 2000

Die badische Spargelstraße, K. F. Schimper Verlag

Festschrift zur Einweihung der Handschuhsheimer Friedenskirche, 1910

Ortschronik Epfenbach

Ortschronik Eschelbronn

Ortschronik Waibstadt

Sulzbacher Kerwe- und Heimatverein; Sulzbacher G'schichte…, Weinheim-Sulzbach, 1991

Von Buridal bis Baiertal; Eine Gemeinde erzählt ihre Geschichte, Wiesloch 1988

Von Störchen, Fröschen, Kröpfern und anderen Dorftitulationen, Konrad Litterer, in einem Artikel in der Walldorfer Rundschau vom 02.08.1969

… und die Internetseiten und Broschüren des Landkreises, der Städte und Gemeinden sowie vieler Vereine.

Mein besonderer Dank gilt folgenden Personen,
ohne deren Mithilfe dieses Buch nicht hätte entstehen können:

Meiner Freundin Tatjana und Herrn Dr. Klaus-Peter Hoepke, Ettlingen, für Lektorat und alle Unterstützung

Herrn Dr. Heinz Schmitt, Karlsruhe, und Herrn Fritz Hartmann, Schriesheim, für Beratung in Mundartfragen

Frau H. Sixt, Hauptverwaltung, Altlußheim
Herrn Wolfgang Schneider, Altrip
Frau Sigrid Frey, Gemeindeverwaltung, Angelbachtal
Herrn Rene Gessler, Angelbachtal-Michelfeld
Frau Zimmermann, Gemeindeverwaltung, Bammental
Herrn Paul Wüst, Brühl-Rohrhof
Herrn Manfred Heinisch, Gemeindeverwaltung, Dielheim
Herrn Andreas Zielbauer, Dielheim-Horrenberg
Herrn Gerhard Funk, Dielheim-Oberhof
Herrn Herrmann Fischer, Herrn Thomas Schiller, Bürgermeisteramt, Dossenheim
Herrn Heinrich Becker, Eberbach-Friedrichsdorf
Herrn Eugen Helm, Eberbach-Lindach
Herrn Willi Zimmermann, Eberbach-Pleutersbach
Herrn Ortsvorsteher Hans Leistner, Eberbach-Rockenau
Herrn Karl Fischer, Herrn Gerhard Hess, Edingen
Herrn Prof. Günther Filbrunn, Herrn Stephan Kraus-Vierling, Edingen-Neckarhausen
Herrn Helmuth Ambiel, Frau Höllig, Bürgermeisteramt, Herrn Jürgen Kurz, Epfenbach
Frau Echner, Bürgermeisteramt, Frau Marliese Echner-Klingmann, Eschelbronn
Frau Dorothee Le Maire, Stadtarchivarin, Herrn Bernhard Zepf, Ettlingen
Frau Marita Mayer, Stadtarchiv, Freiburg im Breisgau
Frau Heike Oswald, Bürgermeisteramt, Gaiberg
Herrn Einhard Kemmet, Herrn Otto Klemm, Heddesheim
Herrn Dr. Jochen Goetze, Herrn Fritz Hartmann, Herrn Dieter Hornung, Herrn Wolfgang Hug, Herrn Ludwig Merz, Herrn Dieter Neuer, Herrn Erik Pratsch, Frau Ilse Rohnacher, Frau Leena Ruuskanen, Stadtarchiv, Herrn G. Trapp, Frau Dr. Reinhild Ziegler, Heidelberg
Herrn Martin Hornig, Heidelberg-Handschuhsheim
Herrn Gustav Knauber, Heidelberg-Rohrbach

Herrn Karl-Heinz Knörr, Herrn Hans Joachim Uhde, Heidelberg-Schlierbach
Herrn Kurt Pulster, Heidelberg-Weststadt
Frau Thilde Hoppe, Heidelberg-Ziegelhausen
Herrn Siegfried Joneleit, Archiv der Heilbronner Stimme, Heilbronn
Herrn Bürgermeister Karl Brand, Frau Marie Beckenbach, Herrn Karl Gärtner, Heiligkreuzsteinach
Herrn Horst Aldinger, Frau Barbara Kühne, Bürgermeisteramt, Helmstadt-Bargen
Frau Cornelia Weber, Bürgermeisteramt, Hemsbach
Herrn Karl Brand, Hirschberg
Herrn Erich Dallinger, Frau Marianne Schröder, Hirschberg-Großsachsen
Herrn Christ, Hauptamtsleiter, Stadt Hockenheim
Herrn Wolf, Bürgermeisteramt, Ilvesheim
Herrn Bernd Breitkopf, Kreisarchivar, Landratsamt Karlsruhe, Familie Holger und Karin Golembiewski, Frau Erika Lutz, Karlsruhe
Herrn Daumann, Bürgermeisteramt, Ketsch
Herrn Klaus Kolb, Ladenburg
Herrn Karlheinz Bangert, Hauptamt, Herrn Herrmann Wind, Laudenbach
Frau Schäfer, Herrn Michael Ullrich, Stadtverwaltung , Leimen
Herrn Alfred Hölzer, Leimen-Gauangelloch
Herrn Gerhard Steinmann, Leimen-St. Ilgen
Herrn Knecht, Bürgermeisteramt, Herrn Winterbauer, Lobbach
Herrn Heinrich Rutsch, Lobbach-Waldwimmersbach
Herrn Becker, Gemeindeverwaltung Malsch, Herrn Albert Schäffner, Herrn Altbürgermeister Dyonis Wipfler, Malsch
Herrn Dr. Christian Habekost, Frau Gertrud Häfner, Herrn Alfred Heirling, Frau Seitz, Amt für Rats- und Öffentlichkeitsarbeit, Herrn Leo Pfanz-Sponagel, Stadt Mannheim
Frau Jutta Jöhl, Herrn Dr. Kessler, Herrn Günther Löhr, Mannheim-Feudenheim
Herrn Ottmar Seester, Mannheim-Friedrichsfeld
Herrn Georg Wolf, Mannheim-Rheinau
Herrn Philipp Schenkel, Mannheim-Sandhofen
Herrn Hansjörg Probst, Mannheim-Seckenheim
Herrn Gerd Klein, Mannheim-Wallstadt
Herrn Peter Dick, Herrn Hubert Pfisterer, Herrn Norbert Preiß, Mauer
Herrn Adolf Bähr, Meckesheim
Herrn Artur Vettermann, Meckesheim-Mönchzell

Herrn Gerhard Höflin, Herrn Rudi Kramer, Herrn Ingo Lennarz, Frau Metzger, Gemeinde Mühlhausen, Mühlhausen

Herrn Hack, Bürgermeisteramt, Frau Edith Joos, Frau Elfi Neubauer-Theis, Herrn Martin Schroth, Männergesangverein „Eintracht Helmhof", Stadt Neckarbischofsheim

Familie Wilhelm Rupprecht, Neckarbischofsheim – Helmhof

Frau Kappes, Neckarbischofsheim – Untergimpern

Herrn Frans Hermans, Herrn Christian Reinhard, Neckargemünd-Dilsberg

Herrn Willi Jakob, Neckargemünd-Mückenloch

Herrn Horst Linier, Frau Liesel Schwind, Neckargemünd-Waldhilsbach

Herrn Christian Fingerle, Amt für Vereins- und Öffentlichkeitsarbeit, Herrn Roland Neuert, Herrn Ernst Reidel, Nußloch

Herrn Dr. Klaus Höfele, Ötigheim

Herrn Rolf Weber, Oftersheim

Herrn Ulrich Kobelke, Gemeindearchivar, Plankstadt

Frau Andrea Ballreich, Reilingen

Herrn Gerhard Geißler, Rauenberg

Herrn Trudbert Greulich, Frau Dorothea Kuhn-Bender, Rauenberg-Rotenberg

Herrn Reinhard, Bürgermeisteramt, Reichartshausen

Frau Erika Stolz, Sandhausen

Herrn Daniel Schrotz, Schönau

Herrn Karl Braus, Frau Anna Durst, Frau Elisabeth Reinhard, Schönbrunn

Herrn Horst Ludwig, Schönbrunn-Haag

Frau Bernecker, Schönbrunn-Moosbrunn

Familie Heinz Edelmann, Herrn Helmut Sandel, Herrn Lothar Treibert, Schriesheim

Frau Iris Hartung, Stadtarchiv, Schwetzingen

Herrn Dipl. Kult. Wiss. H. Friedrich, Stadtarchivar, Sinsheim

Herrn Reinhold Eggensperger, Sinsheim-Hilsbach

Herrn Ortsvorsteher Linus Barth, Sinsheim-Steinsfurt

Herrn Karl Beetz, Frau Käthe Gimber, Herrn Friedrich Lenz, Spechbach

Frau Weis, Bürgermeisteramt, St. Leon-Rot

Herrn Laier, Bürgermeisteramt, Waibstadt

Herrn Willi Ackermann, Waibstadt-Daisbach

Herrn Jürgen Kamm, Ordnungsamt, Stadt Walldorf

Herrn Anton Machauer, Walzbachtal

Herrn Robert Dörsam, Frau Doris Falter, Herrn Fritz Hartenbach, Herrn Fredi Kolb, Herrn Karl Lohrbächer, Stadtamtmann, Herrn Helmuth Neuthinger, Frau A. Rößler, Stadtverwaltung, Herrn Richard Stahl, Weinheim

Frau G. Fath, Weinheim-Oberflockenbach

Herrn Karl Leitwein, Frau Liesel Schröder, Weinheim-Lützelsachsen

Frau Lydia Maydt, Weinheim-Rittenweier

Herrn Hannes Grünewald, Weinheim-Sulzbach

Herrn Ebinger, Gemeindeverwaltung Wiesenbach, Herrn Gerhard Rung, Herrn Dr. Günther Wüst, Wiesenbach

Herrn Theo Körner, Herrn Manfred Kurz, Stadtarchivar, Familie Hans Wiederkehr, Wiesloch

Herrn Fritz Laier, Herrn Fred Stangl, Bürgermeisteramt, Wilhelmsfeld

Herrn Helmut Stickel, Gemeinde Zuzenhausen

… sowie allen Personen, die an der Entstehung dieses Buches mit Hinweisen und Ideen mitgewirkt haben, und die an dieser Stelle nicht namentlich aufgeführt werden konnten.